Auf welchem Ast turnst Du?

Mit dem Paradiesbaum durch Logik zum Glück

Ich widme dieses Buch allen Menschen, die glücklich leben möchten.

Christiane Kilian

Christiane Kilian

Auf welchem Ast turnst Du?

Mit dem Paradiesbaum
durch Logik
zum Glück

*Bibliografische Information der Deutschen Nationalbibliothek:
Die Deutsche Nationalbibliothek verzeichnet diese Publikation in der Deutschen Nationalbibliografie; detaillierte bibliografische Daten sind im Internet über http://dnb.dnb.de abrufbar.*

Grafiken: ***Hilke Barenthien,*** *Solingen*

Herstellung und Verlag: ***Papierflieger Verlag GmbH****, Clausthal-Zellerfeld*

ISBN: 978-3-86948-650-5

Inhalt

	Vorwort von Hannah Nowak	7
	Begrüßung	11
1.	Das Paradies und weshalb du es bisher nicht erreichen konntest	13
2.	Die „Theory of Constraints“ und die Logik	19
3.	Wie der Paradiesbaum entstanden ist	23
4.	Der Nutzen von Wissen und Erfahrung	27
5.	Finde deine eigene Wahrheit	30
6.	Kurzfassung des Paradiesbaumes	33
7.	Selbstbewusstsein und Selbstvertrauen	35
8.	Das Selbstwertgefühl	36
9.	Grenzen	38
10.	Biologische, biografische Eigenschaften und Hochsensibilität	43
11.	Starke und schwache Menschen	47
12.	Schwächen sind übertriebene Stärken	49
13.	Werte, Idealbild und Selbstbild	50
14.	Der Paradiesbaum ausführlich	55
	a. Wurzeln und Stamm	55
	b. Der rote, rechte Ast	60
	c. Der blaue, linke Ast	76
	d. Der grüne, mittlere Ast	98
15.	Ein Gedicht als Zusammenfassung	114

16.	Ergänzungen zum ausführlichen Paradiesbaum	116
17.	Die Schlange war es nicht	121
18.	Die Transaktionsanalyse im Paradiesbaum	123
19.	Selbstliebe und Selbstbild	124
20.	Ziele, Ergebnisse und freie Entscheidung	125
21.	Die Paradiesbaum-Technik	130
22.	Wozu schlechte Laune gut ist	144
23.	Kreatives Denken	146
24.	Die Macht deiner Gedanken	148
25.	O statt I – Afformationen	150
26.	Der Ton macht die Musik	156
27.	Wahrnehmung und Zeit	159
28.	Der Anfang am Ende	160
29.	Ausblick	161
30.	Auf welchem Ast turnst du?	164
31.	Ein Appell	165
32.	Hilfreiche Methoden:	165
	Clustern	166
	Afformationen	167
	REM-Methode	168
33.	Sechzehn Tipps gegen schlechte Laune	171
34.	Danke	173
35.	Und jetzt	176
	Christiane Kilian	179
	Hilke Barenthien	180

Vorwort von Hannah Nowak

Ich habe die Freude, in meinen Seminaren zu den Denkwerkzeugen der Theory of Constraints (TOC) viele Menschen und ihre verrückten Ideen kennen zu lernen - und das Schönste für mich ist es, wenn ich erfahre, dass eine im Seminar entwickelte Lösung tatsächlich umgesetzt wurde.
Die Vision, mit der Christiane ins Seminar kam, war sehr herausfordernd und enthielt einige Risiken. Obwohl sie mir auf Anhieb gefiel, hatte ich Zweifel, dass Christiane den entwickelten Plan tatsächlich umsetzen würde. Umso begeisterter war ich, als ich von ihr hörte, dass sie es geschafft hatte: Sie hat ihren Traum vom Seminarhaus und der Straußwirtschaft im Harz verwirklicht. Das vorliegende Buch ist ihr dabei entstandenes Erfolgsrezept für ein selbstbestimmtes, glückliches Leben, das sie nun auch überregional weitergibt. Es freut mich, dass ich durch das damalige Denkwerkzeuge-Seminar zusammen mit dem gesamten VISTEM-Team einen kleinen Beitrag zur Entstehung leisten durfte.
Wie Christiane zu Beginn des Buches schreibt: Nichts im Paradiesbaum ist völlig neu, aber trotzdem führt er zu wertvollen Erkenntnissen, da er die Komplexität menschlicher Gefühle und Reaktionen ungewöhnlich leicht erfassbar und persönlich nutzbar macht.
Die TOC Denkwerkzeuge, wie wir sie am TOC Institute lehren, haben eine vorgegebene Form und erprobte Anwendungsfälle. Der Paradiesbaum ist eine Anwendung des Gegenwarts- bzw. Realitätsbaums, einem TOC Denkwerkzeug, das zur Darstellung kausaler Zusammenhänge genutzt wird. Christiane stellt im Paradiesbaum dar, was in bestimmten Situationen in uns Menschen vorgeht. Wenn man etwas besser verstehen will, ist es in meiner Erfahrung unglaublich wertvoll, die vermuteten

Zusammenhänge grafisch aufzuzeichnen, statt sie nur als Text aufzuschreiben, oder gar nur darüber nachzudenken.
Ich empfehle daher allen LeserInnen, diese Möglichkeit für sich selbst zu nutzen und Erkenntnisse daraus zu ziehen, unabhängig von Kategorisierungen oder Namen.
Denn der Erfinder der TOC-Denkwerkzeuge, der israelische Physiker Eliyahu M. Goldratt, wollte mit ihnen eines erreichen: Dass mehr Menschen ihr natürliches Logikverständnis selbstbewusst nutzen, statt zu glauben, logisches Analysieren wäre langweilig und könnten nur Genies und Naturwissenschaftlerlnnen. Christiane beweist mit diesem Buch, wie gut Logik für das eigene Leben anwendbar ist und wie nützlich es ist, wenn man sie nutzt, um Emotionen und Verhalten besser zu verstehen.
Ich hoffe, dieses Buch motiviert viele LeserInnen, die beschriebene wissenschaftliche Methode anzuwenden, um Schritt für Schritt ihr Leben zu verbessern und dabei immer mehr über sich selbst und das Menschsein zu lernen.
Und falls "wissenschaftliche Methode" einschüchternd klingt, anders formuliert: Christiane beschreibt am Ende des Buches wie man sich an ein glücklicheres Leben herantasten kann – mit der für uns Menschen intuitivsten Methode, mit der auch Babys alles vom Aufsetzen bis zum Sprechen lernen: Dem systematischen Experimentieren.
Dieses Buch zeigt außerdem ganz nebenbei, dass eine zentrale Grundannahme der Theory of Constraints, dass nämlich alle Menschen grundlegend gut sind – sie also aus positiven Absichten handeln - tatsächlich zu stimmen scheint. Diese Grundannahme gilt als notwendig für die effektive Nutzung der Denkwerkzeuge und hilft, mit schwierigen Menschen und Situationen offen und lösungsorientiert umzugehen. Ich selbst denke meist, dass ich diese Haltung mittlerweile verinnerlicht habe. Doch ein Satz aus dem letzten Teil dieses Buches belehrte mich eines Besseren: "Sei dankbar für deine schlechte Laune!"

schreibt Christiane. Und ich frage mich plötzlich: „Bin ich das? Wie überzeugt bin ich denn eigentlich von meiner *eigenen* Gutheit?“ Meine ehrliche Antwort ist leider: Viel zu oft bekämpfe ich meine schlechte Laune, statt sie als Signal wertzuschätzen und zu nutzen.
Denn wir alle sind grundlegend gut - aber niemand ist perfekt! Wir alle haben unglaublich großes Potenzial.
An Grenzen zu stoßen, sich mal klein und machtlos zu fühlen, gehört zum Leben und Wachsen dazu – Christiane zeigt mit dem Paradiesbaum, wie man damit für sich und sein Umfeld nutzbringend umgehen kann, statt sich selbst oder andere zu schädigen.
In diesem Sinne wünsche ich allen LeserInnen viel Spaß beim Lesen und wertvolle, motivierende Erkenntnisse!

Hannah Nowak, Zertifizierte Trainerin für TOC-Denkwerkzeuge

Und nicht vergessen: Logisches Analysieren ist extrem nützlich, ganz natürlich und super einfach! :)

Begrüßung

Liebe Leserin[1],

ich freue mich sehr, dass du zu diesem, meinem ersten Buch gegriffen hast und es nun lesen willst.
Es zeigt mir, dass du aufgeschlossen bist für neue Gedanken und neue Erkenntnisse und dass du in deinem Leben weiterkommen willst. Das sind die besten Voraussetzungen, um ein rundum glückliches Leben führen zu können.

Das, was du hier lesen wirst und dir auch anschauen kannst, wird für dich gleichzeitig total banal und doch komplett neu sein.
Wenn du die Augen und Ohren offen hältst, findest du die einzelnen Inhalte und Aussagen überall. Aber die Zusammenschau der einzelnen Teile, die bekommst du vorerst nur durch mich. Das ist das Besondere und Einmalige am Paradiesbaum und an diesem Buch.

So, dann leg mal los, damit du verstehst, was ich meine!
Und wenn du direkt schon beim Lesen dieses Buches Austausch wünschst, dann schau doch mal auf meiner Webseite www.paradiesbaum.de, ob dich eines meiner Angebote anspricht.

Ich wünsche dir, dass dir dieses Buch mit den Zusammenhängen des menschlichen Verhaltens und deinen Gefühlen bzw. Stimmungen in deinem Leben so richtig weiter hilft!

Deine Christiane Kilian

---

[1] Ich wende mich mit diesem Buch in erster Linie an Frauen, weil sie mir in ihrem Denken und Sein einfach näher stehen. Aber du darfst dich als Mann selbstverständlich gerne mitgemeint fühlen.

**Neue Erkenntnisse bringen Dich
im Leben weiter!**

1. Das Paradies und weshalb du es bisher nicht erreichen konntest

Mit dem Paradies verbinden wir allgemein das höchste Glück und das schönste Leben, also den Himmel auf Erden.

Was genau ist aber für dich das Paradies?
Wie lebst du, wenn du rundum glücklich bist?
Fühlst du dich schon wie im Paradies?

Glückliche Menschen, die sich wie im Paradies fühlen, sind
- deutlich umgänglicher als unglückliche Menschen.
- Sie sind eine angenehmere Gesellschaft,
- haben Ausstrahlung und
- sind in ihrer guten Laune ansteckend.
- Sie sind freundlich,
- offen und
- wertschätzend.
- Sie können verzeihen und
- andere in ihrer anderen Art einfach sein lassen.
- Sie ruhen in sich,
- sind optimistisch und
- lösungsorientiert.
- Sie haben ein gutes Selbstwertgefühl und
- sind sich selbst bewusst.

Ich finde das sehr erstrebenswert!

Aber die wenigsten von uns leben im totalen Glückszustand.

- Die Gründe liegen zum einen darin, dass wir noch nicht so intensiv nachgedacht haben, wie denn unser Idealzustand aussehen sollte.

- Zum anderen hängt unser Wohlbefinden ja auch leider von vielen äußeren Faktoren ab, die wir nicht so ohne weiteres beeinflussen können (Job, Wohnsituation, pflegebedürftige Elternteile, Kinder, KollegInnen und ChefIn, Finanzen, Gesellschaft, Politik, Wetter, Gesundheit, Launen, Hormone, …).

- Drittens ist den allermeisten Menschen nicht klar, wie die vielen Faktoren zusammenhängen und wo der Ansatzpunkt zur Verbesserung ihrer Situation hin zu einem paradiesischen Leben sein könnte.

Das heißt: Um so richtig rundum glücklich leben zu können, ist es erforderlich, dass du
1. weißt, was dies für dich heißt;
2. den richtigen Ansatzpunkt zur Verbesserung findest und
3. dein Verhalten auf dein Glück hin ausrichtest.
Logisch!

Um dein Verhalten aber auf dein Glück hin ausrichten zu können, ist es erforderlich, dass du dich selbst sehr gut kennst und verstehst:
- Du musst wissen, warum du dich manchmal so und manchmal anders verhältst.
- Du musst wissen, warum du manchmal so und manchmal anders fühlst.
- Du musst wissen, welches Verhalten bei dir welche Gefühle nach sich zieht.
- Du musst wissen, welche Gefühle bei dir welches Verhalten auslösen.
- Und du musst wissen, was du brauchst, um dich glücklich fühlen zu können.

Das reicht aber leider immer noch nicht aus, denn du bist auch von anderen Menschen abhängig. Also musst du auch sie

verstehen, um zielgerichtet auf dein Glück hin dein Verhalten an das Verhalten der anderen anpassen zu können.
Es ist nämlich etwas anderes, wenn du denkst, deine Freundin sagt dir die Teilnahme an deinem Fest deshalb ab, weil du ihr nicht wichtig genug bist, oder wenn du weißt, dass ihre Mutter gerade einen Schlaganfall hatte und sie sich um sie kümmern muss. Je nachdem reagierst und vor allem fühlst du anders und verstehst sie besser oder weniger gut, wenn du ihre Absage erhältst.

Und da bin ich beim dritten Punkt, der bedeutsam ist, wenn du dein Verhalten auf dein Glück hin ausrichten willst: Du musst dazu nämlich Zusammenhänge herstellen können.

Ich hatte jahrelang, als meine vier Söhne noch zuhause waren, heftige Stimmungsschwankungen, war sehr launisch und oft so richtig mies drauf. Und jahrelang dachte ich, es hängt mit meinem Hormonhaushalt zusammen, denn der Hormonhaushalt wird bei uns Frauen ja oft als Entschuldigung für unsere Launen angeführt.
Seit ich den Paradiesbaum erarbeitet habe, ist mir klar, dass der Grund für die schlechte Laune die Grenzen waren, die mir teils durch die große Familie gesetzt wurden und die ich mir andernteils aufgrund unreflektierter Glaubenssätze selbst gesetzt habe.
Nun weiß ich das und kann entscheiden, wie ich mit diesen Grenzen umgehen will und ob ich schlecht gelaunt sein und mich elend fühlen möchte oder nicht.
Wobei für mich klar ist, dass schlechte Laune nichts mit glücklichem Leben zu tun hat. Da ich glücklich leben möchte, muss ich mich dann folgerichtig gegen die schlechte und für die gute Laune entscheiden.

Um aber diese und andere Zusammenhänge erkennen zu können, ist es wesentlich, das richtige Wissen zu erwerben und es mit den eigenen Erfahrungen zu verifizieren.

Ja, ich weiß: Es gibt Menschen, die nicht nach Glück streben, weil sie sagen, dass das Leben dann ja langweilig sei. Sie meinen damit vermutlich, dass Glück im Dauerzustand langweilig sei.
Diese Menschen übersehen bei ihrer Argumentation, dass wir es – wie oben schon geschrieben – mit sehr vielen äußeren Einflüssen zu tun haben, die wir nicht ohne weiteres beeinflussen können. Meiner Ansicht nach werden wir deshalb niemals den ständigen Glückszustand erreichen können und müssen – wenn wir das denn wollen – immer wieder aufs Neue daran arbeiten. Langweilig wird deshalb das Streben nach Glück nicht werden, denn die Herausforderungen sind vielfältig.
Und es wird lohnenswert sein, denn glückliche Menschen sind für dich und alle anderen ein Segen.

Ich veranschauliche dir das eben Geschriebene auf der nächsten Seite in einer Logikkette, die du am besten mit „Wenn …, dann ….“ von unten nach oben liest.

Glückliche Menschen sind für alle ein Segen.

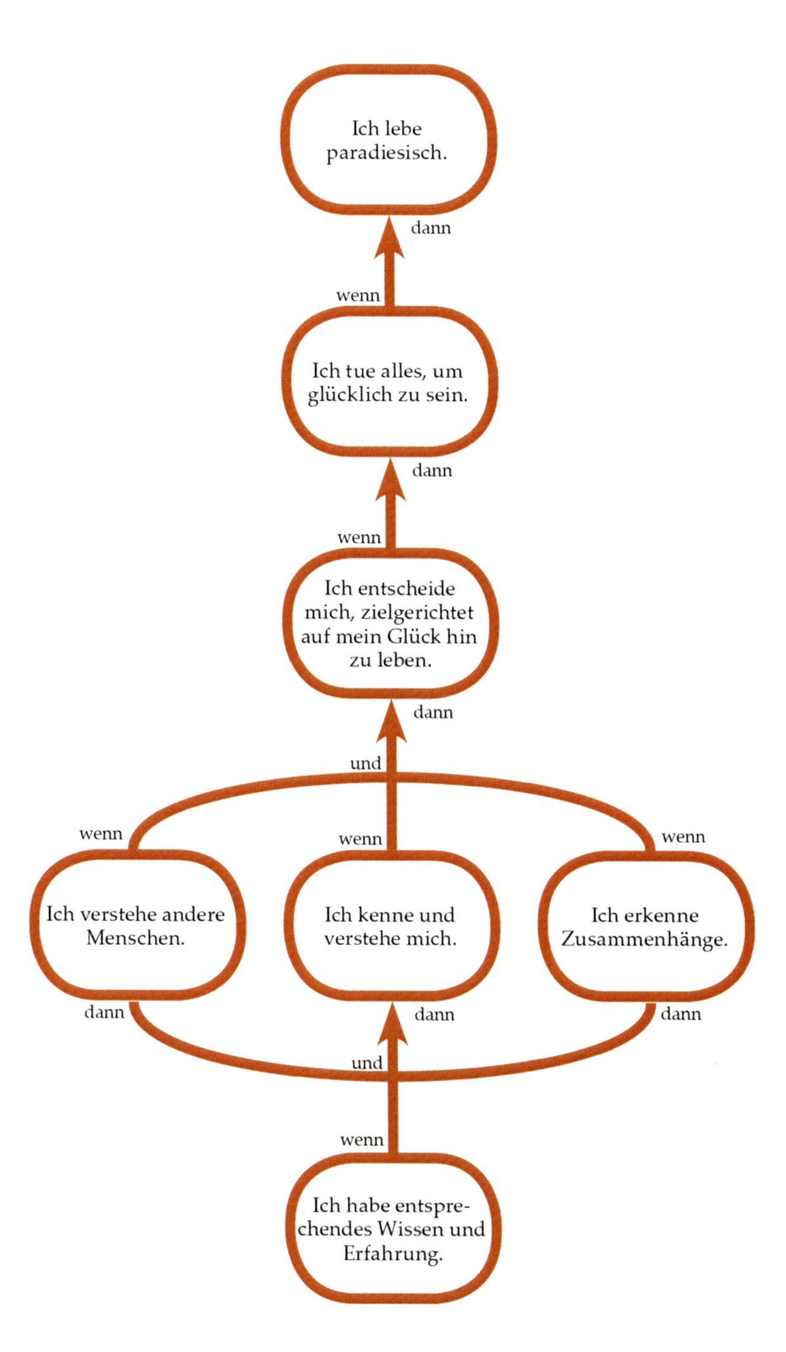

Auf der nächsten Seite kannst du die Logikkette aus dieser Grafik von unten nach oben so lesen, wie ich es tue:

Logikkette:
Wenn ich das entsprechende Wissen und auch eigene Erfahrung habe, dann kann ich mich selbst kennen und verstehen.
Und: Wenn ich das entsprechende Wissen und auch eigene Erfahrung habe, dann kann ich andere Menschen verstehen.
Und: Wenn ich das entsprechende Wissen und auch eigene Erfahrung habe, dann kann ich Zusammenhänge erkennen.
Wenn ich mich selbst kenne und verstehe, wenn ich andere Menschen verstehe und wenn ich die Zusammenhänge erkenne, dann kann ich mich dafür entscheiden, zielgerichtet auf mein Glück hin zu leben.
Wenn ich mich entschieden habe, zielgerichtet auf mein Glück hin zu leben, dann muss ich das auch tun.
Wenn ich alles tue, um glücklich zu sein, dann werde ich dieses Ziel auch erreichen und mich wie im Paradies fühlen.

Idee:
Denk mal darüber nach und male dir aus, wie es wäre und wie du wärest, wenn du paradiesisch leben würdest. Schreib es dir auf oder male es dir als Bild oder bastele es dir als Collage. Wichtig ist, dass du es vor deinem inneren Auge sehen und in dir fühlen kannst.

Afformationen[2]:
Warum lebe ich paradiesisch?
Warum bin ich total glücklich?
Warum weiß ich, was ich zum paradiesischen Leben brauche?
Warum strebe ich immerzu nach meinem Glück?

---

[2] AffOrmationen sind wirkungsvoller als AffIrmationen, die ja positive Glaubenssätze sind. Die Warum-Frage zweifelt die Tatsache, dass es so ist, nicht an, sondern lässt unser Unterbewusstsein nach einer Antwort suchen. Näheres dazu findest du im Kapitel 25 „O statt I“.

2. Die „Theory of Constraints“ und die Logik

Ich bin hochsensibel[3] und habe meine Hochsensibilität unter anderem in die Richtung ausgeprägt, dass ich ganz viel ergründen und verstehen will, dass ich immer wieder nach dem Warum frage und darauf Antworten suche und finde oder mir die Antworten auch einfach nur ausdenke. Mich interessierten schon als Kind immer alle Zusammenhänge und Hintergründe.

Eines Tages wurde ich mit der „Theory of Constraints“ konfrontiert. Ich arbeitete als Hostess des „Zentrums für Führungskräfte“ in Wiesbaden und betreute das Seminar zur „Kritischen Kette“ aus Sicht der „Theory of Constraints“.

Die „Theory of Constraints“ (TOC) ist eine Unternehmensberatungsmethode im Projektmanagement, die der israelische Physiker Eliyahu Goldratt entwickelt hat. Sie begeisterte mich direkt, obwohl ich als Diplom-Sozialpädagogin Wirtschaftsthemen eher fern stehe. Trotzdem habe ich mich in ihrem Ansatz sofort wieder gefunden.

„Theory“ meint nicht das deutsche „Theorie“ im Gegensatz zur Praxis, sondern eine „durch Beobachtung und überprüfbare Erfahrungen abgesicherte Erkenntnis.“[4] Und „Constraints“ ist der Engpass, der Flaschenhals, das schwächste Glied einer Kette und die eigentliche Ursache eines Problems.

In der Kernaussage der TOC geht es darum, die entscheidende Ursache für das erkannte Problem zu finden. Nur dort kann sinnvoll angesetzt werden, wenn es eine nachhaltige Lösung geben soll.

---

[3] Hochsensible Menschen nehmen mehr und intensiver Reize wahr und auf, als normal sensible Menschen. Wenn du mehr über Hochsensibilität erfahren möchtest, schau mal auf den Webseiten: www.hochsensibel.org und www.zartbesaitet.net

[4] Uwe Techt, Goldratt und die Theory of Constraints, (Editions La Colombe 2010)

Als Beispiel dient in der „Theory of Constraints“ eine Kette. Mehrere Glieder greifen ineinander und haben die gemeinsame Aufgabe, etwas zu halten. Gibt es in dieser Kette nur ein einziges schwächeres Glied, so ist die Kette ihrer Aufgabe nicht gewachsen. Du kannst dann die Kette an allen möglichen anderen Stellen = Gliedern verstärken: Sie wird genauso brüchig und schwach bleiben. Genau diese Schwachstelle gilt es zu finden und zu verstärken = verbessern, wenn die ganze Kette stärker werden soll.
Ganz logisch!

„Wunderbar!“ dachte ich. Das ist genau das, was ich immer empfunden und gedacht habe: Viele der scheinbar guten Lösungsideen - egal in welchem Bereich - treffen nicht den Kern des Problems und führen deshalb auch nicht zu einem sinnvollen Ergebnis.
Auch da fragte ich immer wieder nach dem Warum, nämlich warum es so gemacht wurde, obwohl die Wirkungslosigkeit auf der Hand lag. Denn ich konnte und kann sie, die Unsinnigkeit, oft sehen.

Mir fallen da sofort Beispiele aus der Schulmedizin ein. Die Salbe hilft zwar gegen den Juckreiz der Haut, aber sie heilt den Auslöser dafür, z.B. die Allergie an sich, nicht.
Oder es werden Schmerzmittel oder Blutdruckmittel gegeben, die zwar das Wohlbefinden steigern, aber eben nicht die Ursache beheben.

Die TOC hat mich so begeistert, dass ich mich mehr in sie vertieft, die Bücher[5] dazu gelesen und an den Seminaren zu den TOC-

---

[5] Eliyahu Goldratt, Das Ziel (Campus-Verlag 2002); Das Ziel II (Campus-Verlag 2003); Die kritische Kette (Campusverlag 2002); Uwe Techt, Goldratt und die Theory of Constraints (2010); Uwe Techt/Holger Lörz, Critical chain (GPM und Haufe 2011)

Denkwerkzeugen teilgenommen habe. Wer mit den Denkmethoden und Denkwerkzeugen der TOC arbeitet, kommt an der Logik nicht vorbei, denn nur mit ihr lässt sich das schwächste Glied der Kette entdecken.

Die Logik ist die Lehre des vernünftigen Schlussfolgerns, das meint, dass Aussagen immer erst auf ihre Schlüssigkeit hin überprüft werden, unabhängig von ihrem Inhalt.
Wenn Aussagen nicht schlüssig sind, dann kann es sein, dass einfach Zwischenschritte fehlen. Es muss also nicht sein, dass eine Aussage wirklich falsch ist, wenn die Schlüssigkeit fehlt.
Ob etwas logisch ist oder nicht, finden wir nicht so einfach heraus, wenn wir nur „normal" darüber sprechen. Wir finden es aber sehr schnell heraus, wenn wir die Bedingung und die Folge mit „wenn …, dann …" benennen.

Ein Beispiel:
Zu mir kam eine Frau in die Beratung und klagte: „Ich habe überhaupt keine Zeit mehr, weil meine Eltern pflegebedürftig sind!" Das klingt erstmal logisch und nachvollziehbar, weil uns dazu sofort viele Bilder in den Kopf kommen.
Sobald ich diese Aussage aber in einen Wenn-Dann-Satz packe, fällt auf, dass dieser Satz doch nicht logisch ist: „Wenn meine Eltern pflegebedürftig sind, dann habe ich keine Zeit mehr!" Logisch? Nachvollziehbar?
Nein! Wenn die pflegebedürftigen Eltern der Frau weit weg wohnen oder im Heim leben würden oder sich ihr Bruder um sie kümmern würde oder sie einen Pflegedienst und/oder eine Hauswirtschaftskraft hätten, dann kann es nicht an ihren pflegebedürftigen Eltern liegen, dass sie keine Zeit hat.
Bei der o.g. Aussage fehlen also eindeutig die Zwischenschritte, damit sie logisch wird. Durch die Suche nach dem Zwischenschritt konnten wir der eigentlichen Ursache für den Zeitmangel der Frau auf die Spur kommen.

Lag er daran, dass ihre Geschwister ihr gerne die Pflege überlassen haben und sich selbst nicht kümmern wollten?
Oder daran, dass sie meinten, sie könnten sich keine Hilfe leisten?
Wollten ihre Eltern partout nicht ins Heim?
Oder wollten sie dafür einfach kein Geld ausgeben?
Fühlte sich die Frau ihren Eltern verpflichtet, weil sie immer für sie da waren und auch ihre Kinder betreut haben?
Oder kann die Frau einfach nicht Nein sagen?

Die Logik und vor allem das Sprechen und Denken in Wenn-Dann-Sätzen hilft mir, den Dingen auf den Grund zu gehen und die eigentliche Ursache, den eigentlichen Constraints = Engpass oder Flaschenhals, das schwächste Glied der Kette und das eigentliche Warum und Urproblem zu finden.

Logisches Analysieren ist extrem nützlich, ganz natürlich und super einfach!
(Hannah Nowak)

3. Wie der Paradiesbaum entstanden ist

Eliyahu Goldratt, der Begründer der TOC, hat mehrere Wirtschaftsromane veröffentlicht, in denen er seine Methode und das dahinter stehende Denken sehr anschaulich beschrieben hat. Wie das in Romanen so ist, gibt es auch in seinen Büchern mehrere private Erzählstränge, in denen die ProtagonistInnen außerhalb ihres Berufes begleitet werden. In einem der Bücher ist die Ehefrau des Managers mit den Methoden der TOC als Therapeutin erfolgreich[6].
Das war für mich der Anstoß, die erlernten Denkwerkzeuge der TOC in der Lebensberatung einzusetzen. Wenn die Frau in dem Roman das kann, kann ich das auch, dachte ich mir.

Menschen kamen zu mir in die Beratung und ich fragte sie nach ihrem Lebensziel. Dann suchten wir zusammen nach den Hindernissen, die sie ihr Ziel derzeit nicht erreichen ließen.
Die genannten Gründe schienen mir meist nicht die eigentliche Ursache zu sein und so fragte ich immer wieder nach dem Warum, bis es irgendwann nicht mehr weiter ging.

Beispiele:
1. Warum erreicht die Klientin ihre Ziele nicht? Weil ihr die Zeit fehlt. Warum fehlt ihr die Zeit? Weil sie nicht delegieren kann und alles selbst tut. Warum kann sie nicht delegieren? Weil ihre Ansprüche so hoch sind, dass es ihr niemand recht machen kann. Warum hat sie so hohe Ansprüche? Weil sie Perfektionistin ist. Warum ist sie Perfektionistin? Weil sie keinen Anlass zu Kritik geben will. Warum will sie keinen Anlass zu Kritik geben? Weil sie lieber gelobt werden will und ein Lob sie stärkt.

---

[6] Eliyahu Goldratt, Die kritische Kette (Campus-Verlag 2002)

2.a. Warum hat die jetzt überschuldete Klientin für die Schulden ihres Partners gebürgt? Weil sie nicht Nein sagen konnte.
Warum konnte sie nicht Nein sagen? Weil ihr ihre Bedürfnisse nicht klar waren; weil ihr die Harmonie wichtig war; weil sie ihren Partner über sich gestellt hat.
b. Warum hat die überschuldete Klientin Angst vor den Mahnschreiben und dem Gerichtsvollzieher? Weil sie sich dann so hilflos, klein und ohnmächtig fühlt.

3. Warum ist der Klient so schnell eifersüchtig? Weil er alles schwarz sieht und aus dem Verhalten seiner Freundin negative Schlüsse auf sich selbst zieht („Sie liebt mich nicht mehr.").
Warum kommt seine Freundin gerne mit anderen Menschen und auch Männern in positiven Kontakt? Weil sie dadurch ihre Stimmung heben kann, die vorher unten war.

Und an diesen Punkten sind wir dann immer auf das geringe Selbstwertgefühl gestoßen.

Logikkette zum ersten Beispiel:
Wenn die Klientin ein geringes Selbstwertgefühl hat, dann möchte sie Wertschätzung bekommen.
Wenn sie Wertschätzung bekommen möchte, dann darf sie keinen Anlass für Kritik geben.
Wenn sie keinen Anlass für Kritik geben möchte, dann muss sie sehr hohe Ansprüche haben.
Wenn sie sehr hohe Ansprüche hat, dann ist es gefährlich, Aufgaben an andere zu delegieren, da es sein kann, dass diese nicht so gut arbeiten, wie sie selbst.
Wenn sie nicht delegieren kann, dann muss sie alles alleine machen.
Wenn sie alles alleine macht, dann reicht ihre Zeit für andere Dinge nicht mehr aus.
Wenn sie nicht genug Zeit hat, dann erreicht sie ihre vielen anderen Ziele nicht.

Logikkette zum zweiten Beispiel:
Wenn die Klientin ein geringes Selbstwertgefühl hat, dann will sie anderen gefallen und kann nicht Nein sagen.
Wenn sie nicht Nein sagen kann, bürgt sie auf die Bitte des Partners hin für seine Schulden.
Wenn sie für die Schulden gebürgt hat und der Partner nicht zahlt, dann treten die Gläubiger an sie heran.
Wenn die Gläubiger die Klientin zur Kasse bitten, dann fühlt sie sich ausgeliefert und ohnmächtig, weil sie das ja nicht wollte und nicht weiß, wie sie nun mit der Situation umgehen soll.

Logikkette zum dritten Beispiel:
Wenn der Klient ein geringes Selbstwertgefühl hat, dann sieht er alles negativ und bezieht es auf sich.
Wenn seine Partnerin ihr Selbstwertgefühl stärken möchte, dann sucht sie sich positive Kontakte und führt mit fremden Menschen und insbesondere mit Männern gute Gespräche.
Wenn der Klient alles negativ sieht, das Verhalten seiner Freundin auf sich selbst bezieht und seine Freundin im guten Gespräch mit anderen Männern sieht, dann schließt er daraus, dass sie ihn nicht mehr mag und auf der Suche nach Alternativen ist.
Wenn der Klient denkt, dass seine Freundin ihn nicht mehr mag und auf der Suche nach Alternativen ist, dann zieht ihn das psychisch nochmal weiter runter.

Klar gibt es auch für das geringe Selbstwertgefühl wieder ein Warum, das im Erleben der Person und in ihrer Geschichte liegt. Dazu komme ich dann später im Kapitel 13 „Werte, Idealbild und Selbstbild“.

Die Menschen, die zu mir in die Beratung kamen, waren sehr unterschiedlich: Verschiedene Lebensgeschichten, verschiedene Lebenssituationen und total unterschiedliche Probleme. Wir suchten nach der eigentlichen Ursache ihrer Probleme und fanden am Ende der Reihe immer das geringe Selbstwertgefühl.
Damit hatte ich wirklich nicht gerechnet und war deshalb sehr überrascht. Auf der Suche nach den Zusammenhängen und Hintergründen drängte sich mir hier die Frage nach den logischen Verbindungen auf.
Wie sieht der Zusammenhang zwischen dem Selbstwertgefühl und den Problemen und dem Verhalten dieser Menschen aus?
Kann ich diesen Zusammenhang mit Logikketten herstellen?
Ich wollte die Antwort auf diese Frage finden und machte mich an die Arbeit.

Der erste Paradiesbaum war riesig und er hieß für mich damals auch noch nicht Paradiesbaum, sondern Selbstwert-Logikbaum, denn das Selbstwertgefühl hatte ich ja als die eigentliche Ursache für jedes Verhalten ausmachen können. Auf meinem PC war er nicht lesbar, wenn ich ihn im Ganzen sehen wollte. Und auf Papier ausgedruckt und auf dem Boden in meinem Seminarraum ausgelegt ergab er 3 m mal 4 m, also 12 qm. Auf vielen DIN A 4 Blättern waren nur schwarze Verbindungsstriche zu sehen. Ich musste ganz schön puzzeln, um den vollständigen Baum korrekt auf dem Boden auslegen zu können.
Zwei Jahre habe ich daran gearbeitet, damit die Logikketten wirklich stimmig wurden. Oft waren Schritte nicht schlüssig, weil Zwischenschritte fehlten. Immer wieder dachte ich über die Formulierungen nach und suchte nach der richtigen Reihenfolge, was bedingt was und was nicht oder ob die Abhängigkeit vielleicht doch anders herum passender ist.
Nachdem ich den riesigen ersten Selbstwert-Logikbaum mehrfach durchgegangen bin, alleine und auch mit wechselnden Zuhörerinnen, war es klar, dass dieser Baum und die Zusammen-

hänge unseres Verhaltens mit unserem Selbstwertgefühl zwar logisch sind, dass der Baum in dieser Form aber aufgrund der Komplexität nicht kommuniziert werden kann.
Daraufhin habe ich wieder viel Zeit investiert, die einzelnen Verhaltensweisen zu Paketen zusammen geschnürt, nur noch die Überschrift der Pakete im Baum benannt und nicht mehr die vielen einzelnen Details und Beispiele.
Damit lassen sich die Erkenntnisse nun leichter transportieren und werden verständlicher. Die vielen Beispiele gebe ich dir nun zur Veranschaulichung im Text zu den einzelnen Logikschritten.
Wie schon geschrieben, hatte ich am Ende der Logikketten das geringe Selbstwertgefühl stehen. Dieses halte ich immer noch für zentral, vor allem auch deshalb, weil die meisten Menschen etwas mit dem Begriff „Selbstwertgefühl" anfangen können. Allerdings erkannte ich im Laufe der Zeit auch das, was uns zu dem geringen Selbstwertgefühl führt. Darum wird es in Kapitel 9 gehen.

Idee:
Sehr gerne komme ich mit dir über den Paradiesbaum in den Austausch und deine Gedanken dazu verändern = verbessern den Baum vielleicht auch noch ein Stück. Schreibe mir dazu einfach eine Mail.[7]

4. Der Nutzen von Wissen und Erfahrung

Es gibt Menschen, die nicht über ihr Leben nachdenken. Sie folgen intuitiv ihren erlernten Verhaltensmustern. Ihnen ist es egal, wie sie auf andere wirken.
Es gibt aber auch sehr viele Menschen, die darüber nachdenken, wie sie leben. Diese Menschen fragen sich, warum ihr Leben wohl so ist, und ihnen ist es wichtig, ihr Leben bewusst zu gestalten.

---

[7] www.paradiesbaum.de/kontakt

Du gehörst wohl zu den letzteren, weil du dieses Buch in den Händen hältst. Das freut mich. Ich zeige dir im Verlauf des Buches, dass unsere Welt um einiges besser wäre, wenn mehr Menschen ihr Leben bewusst gestalten würden.
Aber um unser Leben bewusst gestalten zu können, müssen wir zuerst unser Ziel kennen. Und um unser Leben bewusst gestalten zu können, müssen wir Zusammenhänge erkennen. Und um Zusammenhänge erkennen zu können, brauchen wir das entsprechende Wissen und die dazu gehörende Erfahrung.
Dazu findest du auf der nächsten Seite die Logikkette.

Gäbe es mehr glückliche Menschen,
wäre unsere Welt besser.

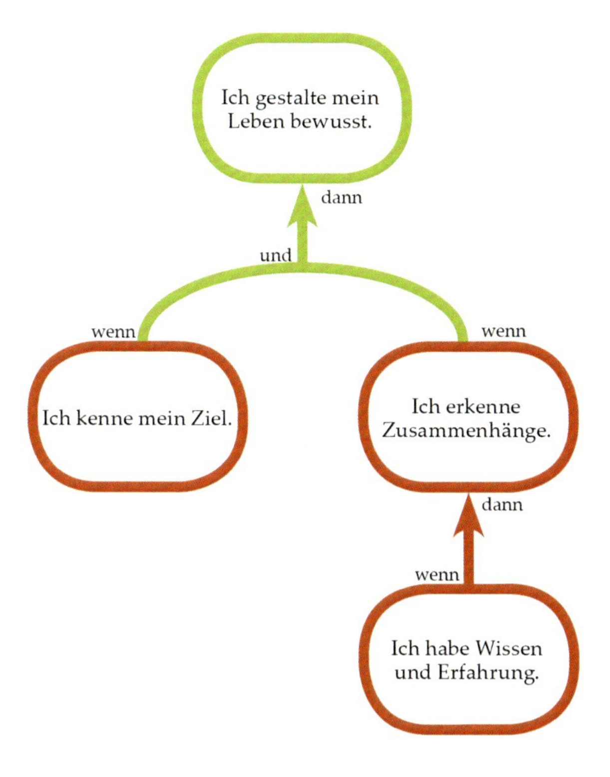

Das sind Logikketten, die sich auch anders herum, von unten nach oben lesen lassen:

> **Logikkette:**
> Wenn ich Wissen und Erfahrung habe, dann kann ich Zusammenhänge erkennen.
> Und wenn ich Zusammenhänge erkenne und mein Ziel kenne, nur dann kann ich wirklich bewusst mein Leben gestalten.

Ich gebe dir mit diesem Buch das Wissen um die Zusammenhänge zwischen all unserem Verhalten, unseren Gefühlen und dem Selbstwertgefühl. Und da es gespickt ist mit Beispielen, die du vermutlich zum größten Teil entweder auch schon selbst erlebt hast oder sie bei anderen Menschen beobachten konntest, kannst du deine Erfahrungen mit dem Wissen aus diesem Buch zusammenbringen.
Am Ende steht deine Freiheit zu entscheiden, wie du leben und wie du sein willst. Dein Weg zur Erreichung deines Zieles liegt dann mit dem Paradiesbaum klar vor dir.

Afformationen:[8]
Warum will ich immer mehr wissen?
Warum erhalte ich das Wissen, das mich weiter bringt?
Warum erkenne ich Zusammenhänge?
Warum gestalte ich mein Leben bewusst auf das Glück hin?

5. Finde deine eigene Wahrheit

Ich habe lange Zeit gedacht, dass Wahrheit etwas Objektives ist und die Wahrheit auch für alle Menschen gelten muss. Das ist aber in den meisten Fällen nicht so.[9] Durch das Erarbeiten der Logikketten, die den Paradiesbaum bilden, habe ich gemerkt, dass Wahrheit auch mit unserem jeweils persönlichen Erleben und Wissen zusammenhängt.

---

[8] AffOrmationen sind wirkungsvoller als AffIrmationen, die ja positive Glaubenssätze sind. Die Warum-Frage zweifelt die Tatsache, dass es so ist, nicht an, sondern lässt unser Unterbewusstsein nach einer Antwort suchen. Näheres dazu findest du im Kapitel 24 „O statt I".

[9] Wobei ich denke, dass sich der Paradiesbaum für alle Menschen als Wahrheit erklären und verstehen lassen müsste.

Ein Beispiel, das ich immer wieder gerne verwende, ist dieses hier: Ich weiß, dass es ängstliche Autofahrerinnen gibt und erkenne sie daran, dass sie vorgebeugt im Auto sitzen und das Lenkrad umklammern. Und ich weiß auch, dass Frauen in den Wechseljahren Hitzewallungen haben. Unterschiedliches Wissen, das auf den ersten Blick nichts miteinander zu tun hat. Dann kam ich aber selbst in die Wechseljahre und habe seitdem mit Hitzewellen zu tun, die für mich erträglicher werden, wenn währenddessen kühle Luft an meinen Körper kann. Bekomme ich beim Autofahren eine Hitzewelle, so ist für mich der einzig wirksame Weg zur Abkühlung, die Fenster zu öffnen, mich vorzubeugen und die Luft hinter meinem Rücken durchwehen zu lassen. Dabei muss ich das Lenkrad umklammern, damit ich überhaupt noch lenken kann. Tja, und seitdem ich das selbst erfahren habe, hat sich meine Wahrheit verändert.

Nun urteile ich über die Frauen, die ich vorgebeugt im Auto sitzen und das Lenkrad umklammern sehe, nicht mehr, dass dies ängstliche Fahrerinnen sind, sondern dass die wohl gerade auch eine Hitzewelle haben.

Ähnliches gilt für die vielen verschiedenen Heilmethoden. Jeder Mensch sieht äußerlich anders aus - warum sollten wir dann in unserem Inneren alle gleich sein und gleich funktionieren?
Und so mache ich selbst die Erfahrung – du vielleicht auch?, - dass mir manches hilft und anderes wiederum nicht. Meine Wahrnehmung ist aber, dass die Menschen, denen eine bestimmte Methode geholfen hat, diese als die einzig richtige anpreisen. Dabei gilt auch hier: Die Menschen sind unterschiedlich und was mir geholfen hat, muss dir noch lange nicht helfen.

Wenn du gegen deine Beschwerden etwas ausprobierst und es nicht hilft, heißt das nicht, dass diese Methode oder dieses Mittelchen die Beschwerden anderer Menschen auch nicht lindert. Und das heißt auch nicht, dass dir dann gar nichts hilft.

Es heißt nur, dass du für dich noch nicht das richtige Mittel oder die richtige Methode gefunden hast und weiter suchen musst, wenn du geheilt werden willst.

Mit dem Paradiesbaum zeige ich dir, dass du suchen und immer wieder ins Tun kommen musst, wenn du glücklich leben möchtest. Denn das ist die einzige Möglichkeit, irgendwann doch die richtige Methode oder das richtige Mittel für deine Gesundheit und dein Wohlfühlen zu finden.
Das heißt: Du musst deine eigene Wahrheit finden!
Und sie verändert sich
- je nachdem, welches neue Wissen du erwirbst und/oder
- je nachdem, welche neuen Erfahrungen du machst und/oder
- je nachdem, wie du deine Erlebnisse mit neuem Wissen neu einordnest.

Idee:
Wenn du dieses Buch fertig gelesen hast, könntest du dir die Frage stellen, ob Logik universell gültig ist. Ist dieses logische Wissen, das du hier erworben hast, auf alle Menschen übertragbar? Mich interessiert deine Meinung dazu sehr. Tatsächlich denke ich nämlich, dass diese Wahrheit, die ich entdeckt habe, auch für alle anderen Menschen wahr sein müsste. Aber ich kann mich ja irren. Wie siehst du das? Bitte schreibe es mir.[10]

Afformationen:[11]
Warum habe ich meine eigene Wahrheit gefunden?
Warum akzeptiere ich, dass andere eine andere Wahrheit haben?
Warum ist mir immer bewusst, dass wir Menschen unterschiedlich sind?

---

[10]www.paradiesbaum.de/kontakt

[11] AffOrmationen sind wirkungsvoller als AffIrmationen, die ja positive Glaubenssätze sind. Die Warum-Frage zweifelt die Tatsache, dass es so ist, nicht an, sondern lässt unser Unterbewusstsein nach einer Antwort suchen. Näheres dazu findest du im Kapitel 24 „O statt I".

6. Kurzfassung des Paradiesbaumes

Jetzt bist du aber vermutlich neugierig auf den Paradiesbaum und so möchte ich ihn dir hier erstmal in der Kurzfassung vorstellen, als Bonsai sozusagen, in der Erwartung, dass es dich zum Weiterlesen animiert.

Ich habe oben schon geschrieben: Mein erster Paradiesbaum, der damals noch Selbstwert-Logikbaum hieß, war riesig, ein Mammutbaum, weil ich ziemlich viele unserer Verhaltensweisen darin konkret aufgenommen hatte. Der zweite, der sich in meinen Vorträgen bewährt hat, war deutlich kleiner.

Nimmt man es nun aber mit der Logik nicht so ganz genau, dann lautet die absolute Kurzfassung des Paradiesbaumes, zu der du die Grafik auf der nächsten Seite findest, folgendermaßen[12]:

> **Logikkette:**
> Wenn ich ein geringes Selbstwertgefühl habe, dann kann ich nur auf zwei Arten damit umgehen, nämlich entweder indem ich mich mit meinem Verhalten in dem geringen Selbstwertgefühl bestätige oder indem ich versuche, aus diesem negativen Gefühl rauszukommen, um mich zu stärken und aufzubauen. Mehr Möglichkeiten gibt es einfach nicht.
> Aber wenn ich mich stärken und aufbauen möchte, dann kann ich das wiederum auch auf zwei verschiedene Arten tun, nämlich indem ich mich entweder auf Kosten anderer Menschen stärke und aufbaue oder indem ich mich zum Nutzen aller Menschen aufbaue und stärke.

---

[12] Lies die Grafik wieder von unten nach oben mit „Wenn …, dann …"

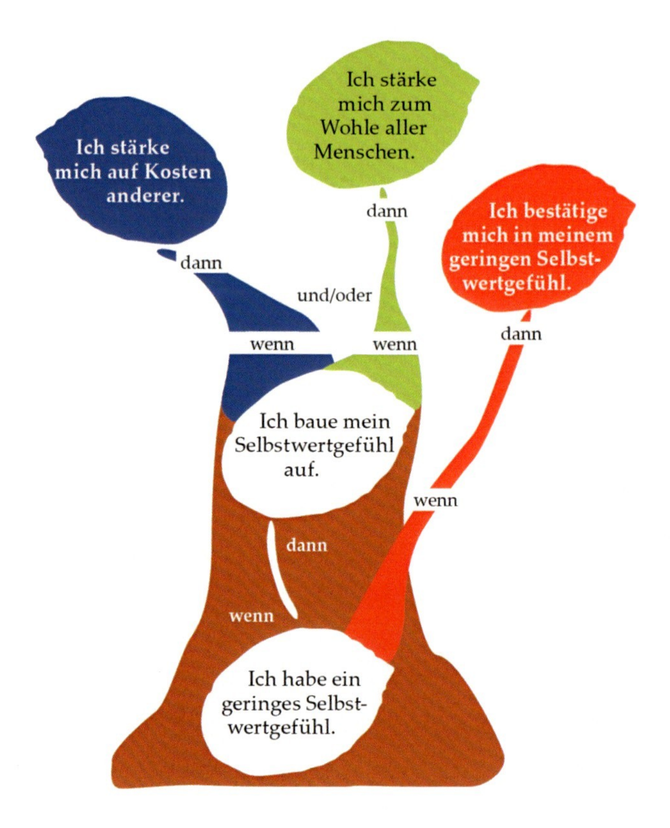

So simpel ist das und in diese zwei bzw. drei Kategorien lassen sich so ziemlich alle unsere Verhaltensweisen einordnen.

Afformation:
Warum verstehe ich die Zusammenhänge?

7. Selbstbewusstsein und Selbstvertrauen

Oft werden die Begriffe Selbstwert, Selbstwertgefühl, Selbstbewusstsein und Selbstvertrauen in einen Topf geworfen und synonym verwendet. Es gibt aber Unterschiede, auf die ich dich aufmerksam machen möchte.[13]
Das Selbstbewusstsein ist die bewusste Selbstwahrnehmung eines Menschen zwischen anderen. Dieser letzte Zusatz „zwischen anderen“ ist das Entscheidende, denn beim Selbstbewusstsein geht es darum, wie sich ein Mensch zwischen anderen behaupten, seinen Platz einnehmen und seine Rolle ausfüllen kann. Es gibt Menschen mit einem geringen Selbstwertgefühl, die aber trotzdem ein großes Selbstbewusstsein haben. In Gegenwart anderer Menschen können sie klar benennen, was sie möchten, wo es lang gehen soll, was sie erwarten und so weiter. Sie sind sich ihrer selbst bewusst und kommunizieren das auch entsprechend.

Das Selbstvertrauen ist die realistische Einschätzung der eigenen Fähigkeiten und Ressourcen. Hier liegt die Betonung auf dem Wort „realistisch“; es geht um Situationen, die wir erleben, und um Herausforderungen, vor die wir gestellt werden. Ein Mensch, der Autofahren kann, sich aber das Fahren längerer Strecken nicht zutraut, hat kein Selbstvertrauen, sondern Angst. Ihm fehlt die realistische Einschätzung seiner Fähigkeiten. Und ein Mensch, der meint, er könne etwas erreichen, was er in der Realität aber doch nicht schafft, hat auch kein Selbstvertrauen, sondern leidet an Selbstüberschätzung. Auch ihm fehlt die realistische Einschätzung seiner Fähigkeiten.

---

[13] Folgende Definitionen auch in Kapitel 8 sind aus: Rosette Poletti & Barbara Dobbs, Das kleine Übungsheft Selbstbewusstsein (TRINITY 2015)

Afformationen:
Warum nehme ich meinen Platz zwischen anderen Menschen selbstbewusst ein?
Warum habe ich eine realistische Selbsteinschätzung?

8. Das Selbstwertgefühl

Das Selbstwertgefühl ist erstmal „nur“ ein Gefühl, das wir in uns tragen. Es lässt sich auf keiner Skala messen und jeder Mensch fühlt vermutlich seinen Selbstwert anders. Der Begriff Selbstwert (ohne -gefühl) suggeriert, dass es einen qualitativ messbaren Wert des Selbsts gibt. Da wir aber alle so unterschiedlich sind, kann es den nicht geben. Und so verwende ich lieber das Wort Selbstwertgefühl. Es gibt zwar Tests, mit denen du dich einordnen kannst, aber letztlich bleibt es doch ein Gefühl, das du in dir trägst. Das Wort „selbst“ zeigt, dass es um uns jeweils als Person geht. Ich kann zwar über jemanden urteilen, dass er oder sie kein Selbstwertgefühl hat, aber das heißt noch lange nicht, dass diese Person das selbst auch so empfindet und fühlt.

Gerade bei Diktatoren wird das deutlich: Sie selbst würden sich sicherlich als Menschen mit sehr starkem Selbstwertgefühl bezeichnen; ich jedoch mit meinem Paradiesbaum-Blick erkenne sie als Menschen mit sehr geringem Selbstwertgefühl (aber wahrscheinlich mit sehr großem Selbstbewusstsein).

Beim Selbstwertgefühl geht es um den Wert. Wenn du mal versuchst zu verstehen, wann für dich etwas wertvoll ist, dann wirst du Kriterien finden, die mit irgendeinem Nutzen zu tun haben, oder?

Etwas kann einen finanziellen Wert haben oder einen praktischen Wert, einen Wert, weil er/sie/es schön ist oder lieb und nett oder auch weil er/sie/es bestimmte Reaktionen hervorruft, die wiederum in irgendeiner Weise für irgendjemanden einen Nutzen haben.

Und damit bin ich bei einer der Definitionen von Selbstwertgefühl, die mir am besten gefällt:

**Das Selbstwertgefühl ist
die tiefe innere Überzeugung
als Mensch wertvoll zu sein - und -
die Wahrnehmung des persönlichen Könnens.**

Wenn du also das Gefühl, den Eindruck hast,
- dass du etwas kannst,
- dass du Macht hast (und sei sie auch noch so klein),
- dass du dein Leben selbst gestalten kannst,
- dass du Einfluss ausüben kannst,
dann hast du in diesen Momenten und Situationen ein gutes, starkes Selbstwertgefühl.

Und andersherum: Immer dann,
- wenn du an Grenzen stößt,
- wenn du dich klein und ohne Macht = ohnmächtig erlebst,
- wenn du das Gefühl hast, dass du dein Leben oder auch nur eine Situation nicht in der Hand hast, es/sie nicht selbst frei nach deinen Vorstellungen gestalten kannst,
- dass mit dir einfach nur etwas geschieht, das du nicht willst und das du nicht beeinflussen kannst,
dann hast du ein geringes oder schwaches Selbstwertgefühl!

Ich möchte an dieser Stelle noch einmal betonen, dass es sich um den Moment handelt, der vielleicht auch nur ganz kurz, nur der Bruchteil einer Sekunde ist, vielleicht aber auch deutlich länger. In diesem Moment, an dem du an eine Grenze stößt, hast du ein geringes Selbstwertgefühl. Das ist ganz normal. Diese Momente gehören zum Leben einfach dazu, und auch mir passiert es immer wieder, dass ich mich sehr klein fühle, wenn ich eine Grenze spüre.

Afformationen:
Warum nehme ich mein Können wahr?
Warum handle ich?
Warum bin ich lösungsorientiert?

9. Grenzen

Die Wahrnehmung deines persönlichen Könnens bestimmt also dein Selbstwertgefühl und andersherum bestimmt auch die Wahrnehmung deiner Grenzen dein Selbstwertgefühl.
Grenzen begegnen uns den lieben langen Tag. Je nachdem, welche Grundstimmung du hast, nimmst du sie sehr stark oder auch gar nicht wahr.

Es gibt da erstens die Grenzen von außen.

Beispiele:
Wenn du heute gerne im Garten arbeiten willst, aber der Himmel Bindfäden regnet.
Wenn du zur Post möchtest, sie aber gerade wegen Inventur geschlossen hat.
Wenn du Staub saugen möchtest, der Beutel aber voll ist und du keinen Ersatz mehr zuhause hast.

Wenn du das Kapitel des spannenden Buches fertig lesen willst, aber los musst, um deinen Besuch am Bahnhof abzuholen.
Wenn du es eilig hast und gerne schnell fahren möchtest, aber du einen Bummler vor dir hast, der sich nicht überholen lässt, die Ampel gerade rot geworden ist oder wenn es eine Geschwindigkeitsbegrenzung gibt.
Wenn du von deinen Einnahmen gerne in Urlaub fahren möchtest, aber das Finanzamt eine Steuernachzahlung fordert.
Wenn du mit deinem Mann gerne tanzen gehen möchtest, er dazu aber keine Lust hat.
...

Eine Frau sagte mal im Vortrag zu mir, dass sie das alles nicht als Grenzen wahrnimmt, weil sie dann eben etwas anderes macht. Ja, genau! Für sie sind all diese Dinge nicht negativ. Sie sieht sie als Herausforderungen an und sucht dann eben eine andere Lösung. Aber um eine andere Lösung suchen und finden zu können, muss sie erst an die Grenze stoßen - oder positiv formuliert: die Herausforderung spüren.
Ein Bild dazu: Du musst erst die Straßenlampe oder die Pfütze wahrnehmen, um ihr aus dem Weg gehen zu können. Ohne diese Wahrnehmung würdest du dagegen laufen bzw. hinein treten.
Diese Frau hat ein gutes Selbstwertgefühl, denn sie erlebt sich trotz der Grenzen nicht als machtlos, sondern vielleicht gerade wegen dieser Situationen, die sie jedes Mal locker bewältigt, als machtvoll.
Für andere Menschen sind solche Erfahrungen aber eine Katastrophe und sie versinken im Selbstmitleid oder lassen ihren Frust an anderen Menschen aus. Doch dazu kommen wir später.

Idee:
Denk mal darüber nach, an welche Grenzen von außen du im Laufe des Tages stößt und wie du damit umgehst. Vielleicht entdeckst du eine von dir bevorzugte Methode? Bist du lösungsorientiert? Oder lässt du dann gerne deinen Frust an anderen ab? Oder ärgerst du dich still vor dich hin?

Ja, und dann gibt es zweitens die Autoritäten, die uns Grenzen setzen.
In unseren jungen Jahren waren das die Eltern und andere, vor allem ältere Verwandte, auch die Geschwister. Dazu dann die Lehrkräfte, die uns sagten, was wir zu tun haben und was wir bleiben lassen sollten. In vielen Fällen deckte sich das ganz sicher nicht mit dem, was wir eigentlich tun wollten. Wieder einige Zeit später kamen dann unsere Ausbilder/innen und Vorgesetzten dazu. Ämter und Gesetze kannst du auch zu Autoritäten zählen, denn sie schreiben uns vor, wie wir uns zu verhalten haben und haben teilweise erhebliche Druckmittel, um uns zum gewünschten Verhalten zu zwingen.[15]

Sicherlich hast du auch schon erlebt, dass du ein anderes Vorgehen für richtig hieltest, als deine Chefin? Tja, aber da ist dann die Hierarchie und mit ihr eindeutig, wer das Sagen hat. Kannst du dich noch erinnern und in diese Situation einfühlen? Wie hast du dich gefühlt? Stark und machtvoll? Oder doch eher klein und geknickt, wenn du einsehen musstest, dass du in der schwächeren Position bist? Ich denke nicht, dass du dich als machtvoll erlebst, wenn du gerade eins auf den Deckel bekommen hast.

Als dritten Punkt will ich nun auch noch die inneren Grenzen erwähnen.
Das sind die Grenzen, die wir in uns tragen. Glaubenssätze, Elternworte und einschränkende Entscheidungen, die wir durch unsere Lebensgeschichte und unsere Kultur mitbekommen und mitgenommen haben. Da steckt in dir sicherlich genauso viel, wie in mir und es ist gar nicht so einfach, zu erkennen, womit wir uns ständig selbst blockieren und uns selbst Grenzen vor die eigene Nase setzen.

---

[15]Z.B. Finanzämter, die in einem strittigen laufenden Verfahren das Konto sperren.

Ein paar Beispiele für solche Elternworte:
Iss deinen Teller leer.
Essen wirft man nicht weg.
Mach erstmal das eine fertig, bevor du mit was Neuem beginnst.
Über Geld spricht man nicht.
Sitz gerade.
Hampel nicht so rum.
Lass andere ausreden.
…
Als Glaubenssätze formuliert wäre das zum Beispiel:
Ich muss meinen Teller immer leer essen.
Ich darf Essen nicht wegwerfen.
Ich muss erst das eine fertig machen, bevor ich mit dem nächsten beginnen darf.
Über Geld darf ich nicht reden und andere danach auch nicht fragen.
Ich muss Haltung bewahren.
Ich darf meine Unruhe nicht zeigen.
Das, was andere zu sagen haben, ist wichtiger als meine eigenen Gedanken.
…

Diese Glaubenssätze sind einschränkende Entscheidungen, die wir selbst - allerdings unbewusst - treffen. Sie schränken uns in unserer Handlungsfähigkeit ein und sie schränken uns beim Glücklich-Sein ein. Der Begriff „einschränkende Entscheidungen" macht deutlich, dass wir die Möglichkeit haben, sie zu verändern.

Idee:
Überleg dir immer wieder mal, wenn du etwas tust, denkst oder fühlst, warum dein Denken und dein Fühlen wohl gerade so sind bzw. warum du das jetzt tust. Damit kannst du deinen Glaubenssätzen auf die Spur kommen.
Und dann schreib dir mal deine Elternworte, Glaubenssätze und dich selbst einschränkenden Entscheidungen auf, die dir eingefallen sind. Ergänze die Liste immer wieder und streiche die, die du abgelegt hast.

Zu den inneren Grenzen zählen auch unsere Gesundheit und unsere Körperkraft.

Wenn du gerade mit Grippe oder Hexenschuss im Bett liegst, kannst du nun mal nicht den Marathon mitlaufen, auf den du dich so gefreut hast. Und ich eher durchschnittlich gebaute Ü 50-jährige schaffe es nun mal nicht, den Baum in meinem Garten zu fällen oder einen vollen Bierkasten mit nur einer Hand und in der anderen den schweren Einkaufskorb zu tragen.

Zu den inneren Grenzen zählt auch nochmal die Zeit, aber diesmal das Empfinden, das wir für die Zeit haben.

Du kennst sicherlich das Gefühl, dass deine Zeit nicht ausreicht für all das, was du gerne machen möchtest und du es deshalb gar nicht erst anfängst. Aber es ist nur das Gefühl, also deine innere Grenze und nicht der tatsächliche Blick auf die Uhr oder in den Terminkalender.

Also: Wir stoßen den lieben langen Tag an Grenzen und können nicht so agieren, wie wir eigentlich wollen. Und in dem Moment, wo wir diese Grenzen spüren, fühlen wir uns klein, hilflos und ohne Macht. Wie lange dieser Moment ist, hängt von dem Umgang mit diesen Grenzen ab, den wir im Laufe unseres Lebens erlernt haben.

Natürlich stießen wir als kleine Kinder, sogar schon als Babys, an Grenzen, die uns die Erwachsenen aufzeigten. Wir wollten etwas und probierten verschiedene Strategien zur Zielerreichung aus. Kinder, die merken, dass sie erfolgreich sind, wenn sie sich auf den Boden werfen und herumbrüllen, verwenden immer wieder diese Methode. Kinder, die feststellen, dass sie mehr Liebe und Zuwendung bekommen, wenn sie nicht auf ihrem Willen beharren, machen sich den Rückzug zu eigen. Und etwas ältere, die feststellen, dass geschicktes Argumentieren oder

Manipulieren zum Erfolg führt, perfektionieren diese Methode. Ich finde es bemerkenswert, wie Kinder - ohne sich dessen bewusst zu sein - sehr gut unterscheiden lernen, bei wem sie mit welchen Mitteln erfolgreich sind.
Und so haben wir alle nicht nur eine Verhaltensweise erlernt, mit Grenzen umzugehen, sondern viele verschiedene. Alle sollen zu dem Ziel führen, dass wir unsere Wünsche befriedigen und dass es uns gut geht.
Auf diese verschiedenen Verhaltensweisen komme ich später bei der ausführlichen Erklärung des Paradiesbaumes zurück.

Afformationen:
Warum entdecke ich meine Grenzen?
Warum freue ich mich über Grenzen und nehme sie als Herausforderungen an?

10. Biologische, biografische Eigenschaften und Hochsensibilität

Ich habe dir eben geschildert, wie wir als Kinder Verhaltensweisen erlernt haben. Das sind unsere biografischen Eigenschaften, die wir aufgrund unserer Umgebung und aufgrund der Reaktionen unseres Umfeldes erworben haben. Die meisten unserer Eigenschaften sind solche biografischen Eigenschaften.
Wir haben allerdings auch biologische Eigenschaften, die uns ausmachen. Das sind die, die mit unseren Sinnen zusammenhängen. Angeborene Eigenschaften können wir nicht verändern. Sie sind wie sie sind und sie setzen uns tatsächliche Grenzen, die wir nicht verändern können. Wir können nur lernen, besser mit ihnen umzugehen. Erworbene, also biografische Eigenschaften können wir verändern, wenn sie uns bewusst sind und wenn wir es wollen.

Mir ist es wichtig, den Unterschied anzusprechen. Gerade uns Hochsensiblen wird gerne gesagt, wir sollen uns verändern, was unsere angeborenen/biologischen Eigenschaften betrifft. Und da wir diese Aufforderungen schon von klein auf empfangen haben, als wir sie noch gar nicht reflektieren konnten, mühen sich viele von uns auch heute noch immer und immer wieder erfolglos mit dieser von anderen gewünschten Veränderung ab.

Ein Beispiel:
Manche Hochsensible haben eine ausgesprochen intensive visuelle und ästhetische Wahrnehmung. Sie sehen einfach alles, alle Kleinigkeiten und Details. Und aufgrund ihrer ausgeprägten Ästhetik urteilen sie auch über das Gesehene, ob das so richtig und schön ist oder nicht. Zum Beispiel fällt ihnen der Müll auf Wegen, Straßen und in der Natur auf und sie äußern ihr Unbehagen darüber. Andere Menschen, die das so nicht wahrnehmen und denen anderes wichtig ist, sagen diesen Hochsensiblen dann, dass sie doch nicht immer auf den Müll zu achten brauchen.

Ein anderes Beispiel:
Manche Hochsensible haben eine stark ausgeprägte Hörfähigkeit. Damit meine ich nicht das gute Gehör im Sinne von „nicht-schwerhörig", sondern die feine auditive Wahrnehmung, ähnlich der eben beschriebenen visuellen Wahrnehmung. Solche Hochsensible hören einfach, wenn sich im Orchester jemand im Ton vergreift oder wenn die Revival-Band an einer Stelle vom Original abweicht. Und wenn diese hochsensible Person der Begleitung gegenüber äußert, was ihr aufgefallen ist, dann stößt sie in vielen Fällen auch auf Unverständnis und bekommt gesagt, dass sie doch nicht so penibel sein und über so was einfach mal hinweg hören soll.

Das sind Beispiele für die Botschaft, dass diese hochsensible Person so, wie sie ist, nicht richtig ist und dass sie das doch bitte nicht wahrnehmen soll, was sie selbst gar nicht verhindern und

steuern kann, weil sie nun mal diese ausgeprägte visuelle oder auditive (oder auch eine andere sinnliche) Wahrnehmung hat. Ein Mensch kann zwar lernen, mit der eigenen Wahrnehmung und den angeborenen Eigenschaften anders oder besser umzugehen, aber er kann sich nicht die Wahrnehmung und die angeborenen Eigenschaften als solches abtrainieren.
Sehr viele hochsensible Menschen haben genau deshalb ein geringes Selbstwertgefühl, weil sie schon von Säugling an gesagt bekamen, dass sie doch bitte nicht so wahrnehmen sollten, wie sie es taten, und dass sie doch bitte schön anders sein sollten.

Idee:
Denk mal darüber nach, welche deiner Eigenschaften biologisch, d.h. angeboren und welche biografisch, d.h. erworben sind.

Afformationen:
Warum unterscheide ich zwischen meinen veränderbaren und meinen unveränderbaren Eigenschaften?
Warum akzeptiere ich meine biologischen Eigenschaften und schätze sie als Gabe?
Warum verbessere ich meine ungeliebten biografischen Eigenschaften?

Noch ein Beispiel:
Ein hochsensibler Säugling hat eine ausgeprägte haptische Wahrnehmung, das heißt das Fühlen mit der Haut ist sehr intensiv. Das Baby weint, weil es vielleicht auf einer ihm unangenehmen Falte liegt oder weil es ihm zu warm ist oder weil an einer Stelle das Hemdchen rausgerutscht und es ihm deshalb dort zu kalt ist. Das Kind kann sich nur durch Weinen ausdrücken. Selbstverständlich reagieren die meisten Eltern darauf und versuchen, den Grund für sein Weinen zu verstehen. Der Grund „Hunger“, „müde“ oder „Windel voll“ ist für die Eltern meist leicht rauszubekommen, aber „Falte“ oder „an einer Körperstelle zu kalt“? Da gehört viel mehr Einfühlungsvermögen dazu, als es Eltern (auch hochsensible) meist haben. Also wird das Baby nach der ergebnislosen Ursachenforschung getröstet und ihm wird gesagt, dass es

doch nicht zu weinen braucht, weil es gar keinen Grund dafür gibt. „Keinen Grund" heißt übersetzt „du spinnst", „du bildest dir nur etwas ein", „deine Wahrnehmung ist nicht richtig", „Ich als Erwachsene habe die Definitionsmacht".
Dies sind die Anfänge, durch die das klitzekleine Kind schon erlebt, dass es an Grenzen stößt, dass es seinen Willen und seine Wünsche nicht durchsetzen kann bzw. dass es seine Bedürfnisse nicht befriedigt bekommt und den Großen und deren Vorstellungen ausgeliefert ist.

So wachsen vor allem hochsensible Kinder - auch in positiven Familien - mit geringem Selbstwertgefühl heran. Sie versuchen, sich immer den anderen anzupassen und ihre angeborenen Eigenschaften zu verleugnen, zu verdrängen oder zu ignorieren.
Da jeder Mensch aber Bedürfnisse hat, die er befriedigt haben möchte, eignet er sich – wie oben beschrieben - Verhaltensweisen an, die ihm dazu verhelfen.

Idee:
Vielleicht erinnerst du dich noch an deine Kindheit, wie mit dir umgegangen wurde? Oder denke an das, was du in deiner Umgebung immer mal wieder wahrnimmst, wie mit Kindern umgegangen wird.
Dadurch findest du vielleicht eine Erklärung, weshalb sich dein Selbstwertgefühl dahin entwickelt hat, wie du es jetzt wahrnimmst.

Afformationen:
Warum weiß ich, dass meine Eltern ihr Bestes gegeben haben?
Warum habe ich meinen Kindern das Beste gegeben, das ich ihnen zu dieser Zeit geben konnte?
Warum weiß ich, dass jeder Mensch seinen eigenen Weg finden und gehen muss?
Warum verbessere ich ständig mein Leben?

11. Starke und schwache Menschen

Auf diese Weise entwickeln wir uns durch den Einfluss unserer Umgebung und durch unser eigenes Ausprobieren und Nachahmen zu starken oder schwachen Menschen, also zu Menschen mit starkem oder mit schwachem Selbstwertgefühl, Selbstvertrauen und/oder Selbstbewusstsein.
Hast du dir schon mal Gedanken darüber gemacht, woran du es festmachst, dass ein Mensch stark oder schwach ist? In meinen Vorträgen zum Paradiesbaum stelle ich immer wieder diese Fragen und wir sammeln dann die Kriterien dafür.
Hier nenne ich dir ein paar häufig genannte Feststellungen.

Eine starke Person, d.h. eine Person mit einem starken Selbstwertgefühl erkennen wir daran,
- dass sie eine aufrechte Körperhaltung
- und einen offenen Blick hat;
- an ihrem festen Händedruck
- und ihrer sicheren Stimme.
- Sie kann andere Meinungen gelten lassen
- und ihre eigene Meinung vertreten.
- Sie hat eine positive Einstellung,
- ist optimistisch und
- lösungsorientiert.
- Sie drängt sich nicht in den Vordergrund,
- weiß aber ihren Platz und ihre Rolle einzunehmen, wenn es gefordert ist.
- Sie fühlt sich wohl und ist glücklich.

Eine schwache Person, d.h. eine Person mit einem geringen Selbstwertgefühl
- hat oft eine leicht gebückte Körperhaltung
- und weicht Blicken anderer aus.
- Ihre Stimme ist leise und unsicher,
- genau wie ihr Händedruck sehr zaghaft ist.
- Sie äußert ihre eigene Meinung nicht
- und richtet sich nach anderen.
- Sie strahlt Negatives aus,
- kommuniziert auch meist Negatives
- und jammert viel.
- Sie steht nicht gerne im Mittelpunkt
- und mag deshalb auch nicht ihren eigenen Geburtstag feiern,
- nicht telefonieren,
- im Restaurant nicht den Tisch reservieren u.ä.
- Sie ist überwiegend mit ihrem Leben unzufrieden und
- unglücklich.

Das sind ein paar Beispiele, die immer wieder genannt werden. Natürlich gibt es noch mehr Kriterien, an denen wir festmachen, ob wir einen starken Menschen oder einen schwachen vor uns haben.

Idee:
Was fällt dir dazu noch ein? Gerne darfst du mir deine Beispiele zumailen, damit ich die nächste Buchausgabe noch damit ergänzen kann.[16]

---

[16] www.paradiesbaum.de/kontakt

Hier und da kommen die Teilnehmenden in meinen Vorträgen darauf, dass nicht bei allen der o.g. Kriterien unbedingt ein starker Mensch dahinter stehen muss und dass sich manche auch nur so geben und sie nur so wirken wollen. Das ist richtig. Zu den Details komme ich später.

Afformationen:
Warum bin ich ein starker Mensch?
Warum habe ich ein gutes Selbstwertgefühl?
Warum durchschaue und verstehe ich mich?

12. Schwächen sind übertriebene Stärken

Wichtig ist mir aber noch zu erwähnen, dass die meisten unserer menschlichen Eigenschaften nicht grundsätzlich gut oder schlecht, Stärken oder Schwächen sind. Eine Schwäche ist nämlich immer eine übertriebene Stärke, d.h. es hängt einfach nur von dem richtigen Maß ab.

Beispiele:
Vorsicht ist eine Stärke und wir brauchen sie unter anderem im Straßenverkehr ganz nötig. Wird die Vorsicht aber übertrieben und damit zur Angst und man traut sich nicht mehr auf die Straße, egal ob zu Fuß oder mit dem Auto, weil etwas passieren könnte, dann ist aus der Stärke eine Schwäche geworden.

Ordnungssinn ist eine Stärke und sehr sinnvoll. Es erspart eine Menge Zeit, wenn man Dinge sofort findet, weil sie an festgelegten Stellen sind. Wenn der Ordnungssinn aber übertrieben und zur Penibilität wird und man es nicht mehr aushalten kann, wenn nicht jeder Stift parallel zur Tischkante liegt, dann ist er zur Schwäche geworden.

Freundlichkeit ist eine Stärke und sehr hilfreich im Umgang mit anderen Menschen und auch in gewisser Hinsicht, wenn du deine Interessen durchsetzen willst. Bist du aber immer freundlich und zeigst deine wahren Gefühle niemals, dann versteckst du dich hinter einer Maske und die Freundlichkeit wird zur Schwäche, weil sie dir nicht mehr geglaubt wird.

Ich denke, dass wir auf die Art die meisten unserer Eigenschaften durchdeklinieren können.

Idee:
Mach dir doch mal einen Spaß draus und versuche demnächst von verschiedenen Eigenschaften die Stärke und die Schwäche zu benennen, also die positive Ausprägung und die übertriebene Form. Wenn du mit deinem Partner oder einer Freundin unterwegs bist, im Restaurant, beim Spazieren gehen oder Wandern, geht das sicherlich wunderbar.

Afformation:
Warum habe ich mit wenig Aufwand aus meinen Schwächen Stärken gemacht?

13. Werte, Idealbild und Selbstbild

In Kapitel 9 bei den Grenzen sprach ich schon von Glaubenssätzen, Elternworten und einschränkenden Entscheidungen. Sie bestimmen unsere Werte. Die meisten Menschen tragen ihre Werte schon ihr Leben lang unreflektiert mit sich herum und lassen sich von ihnen in ihrem Handeln und Fühlen bestimmen.
Unsere Werte bestimmen unser Selbstideal, das heißt sie bestimmen unser Idealbild, wie wir gerne wären oder wie wir denken, dass wir sein sollten.

Ein Beispiel:
Wenn du in einer Umgebung aufgewachsen bist, in der Ehrlichkeit ein sehr hoher Wert war, dann wirst du auch als Erwachsene Lügen jeder Art verabscheuen und wirst vermeiden, dass du selbst lügst. Das ist dir nicht unbedingt bewusst, aber doch reagierst du nicht nur mit deinem Verstand, sondern auch mit deinem Gefühl auf Lügen und Unehrlichkeit.

In der Regel ist uns unser Idealbild nicht bewusst.[17] Trotzdem spüren wir es, wenn wir ihm nicht entsprechen.
Da kommt unser Selbstbild ins Spiel, das Bild nämlich, das wir von uns selbst haben. Stell dir vor, jemand trägt immer einen Spiegel vor dir her. Du kannst in ihn hineinschauen - ständig, manchmal oder auch gar nicht. Aber dieser Spiegel ist immer da und selbst, wenn du nicht hineinschauen willst, nimmst du quasi aus den Augenwinkeln dein Selbstbild wahr.
Du hast also auf der einen Seite dein unbewusstes Idealbild, geprägt von deiner Familie oder auch von Vorbildern, denen du ganz bewusst nacheiferst. Gleichzeitig siehst du dich selbst mit deinem Verhalten und deinem ganzen Sein in dem Spiegel. Und ob du willst oder nicht: Du vergleichst diese beiden Bilder, die du wahrnimmst.
Wenn du keine oder wenig Unterschiede entdeckst, dann geht es dir gut und du fühlst dich so richtig wohl. Und genau dann hast du auch ein starkes Selbstwertgefühl. Und wenn die beiden Bilder, dein Selbstbild und dein Idealbild, sehr differieren, dann fühlst du dich mies und hast ein geringes Selbstwertgefühl.

Ich schreibe und erkläre dir das alles so ausführlich, weil ich beim Erarbeiten meines Paradiesbaumes das Selbstbild zwingend brauchte, damit die Schritte wirklich logisch wurden.

---

[17] Ich verwende im Weiteren den Begriff „Idealbild“ und nicht den Begriff „Selbstideal“, um es sprachlich besser vom Selbstbild abzugrenzen.

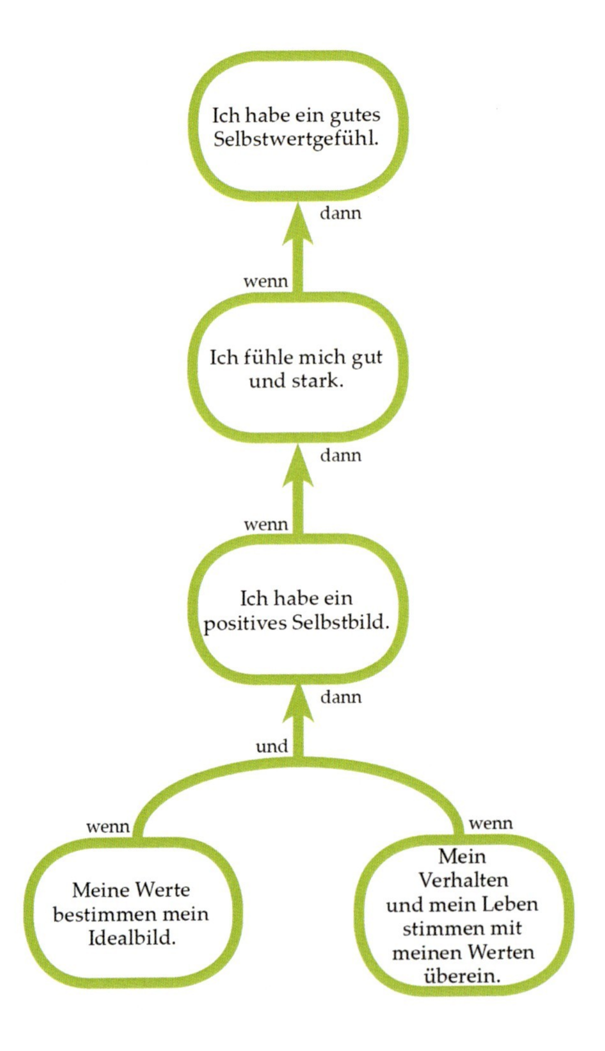

Logikkette:
Wenn meine Werte mein Idealbild bestimmen und mein Verhalten und mein Leben mit meinen Werten übereinstimmen, dann habe ich ein positives Selbstbild.
Wenn ich ein positives Selbstbild habe, dann fühle ich mich gut und stark.
Wenn ich mich gut und stark fühle, dann habe ich ein gutes Selbstwertgefühl.

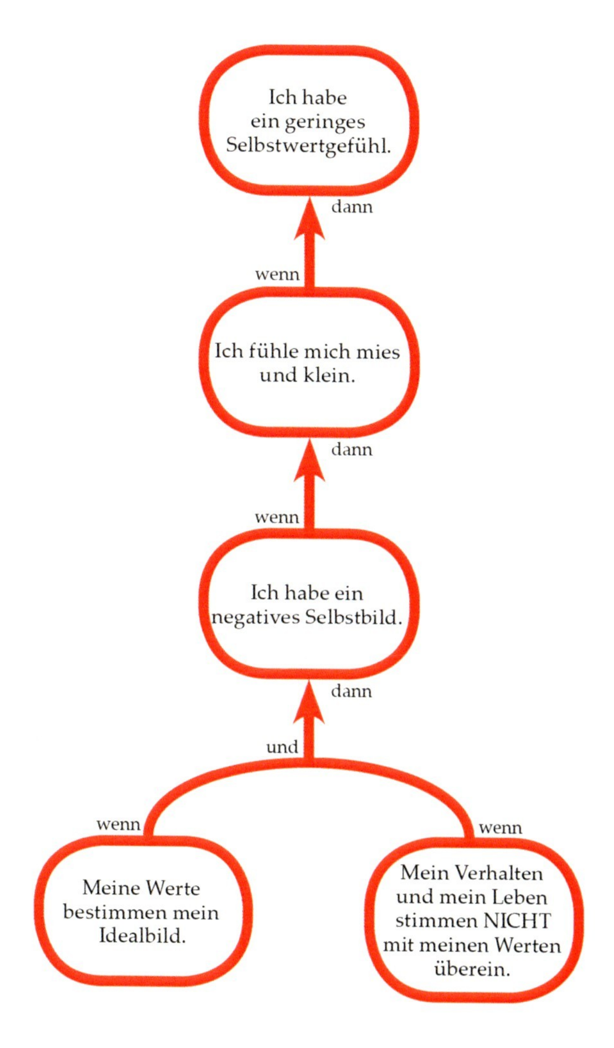

Logikkette andersherum:
Wenn meine Werte mein Idealbild bestimmen und mein Verhalten und mein Leben NICHT mit meinen Werten übereinstimmen, dann habe ich ein negatives Selbstbild.
Wenn ich ein negatives Selbstbild habe, dann fühle ich mich mies und klein.
Wenn ich mich mies und klein fühle, dann habe ich ein geringes Selbstwertgefühl.

Ein Beispiel:
Ich habe immer wieder gesagt bekommen, dass ich nicht so egoistisch sein soll, wenn ich meine Bedürfnisse über die der anderen gestellt habe. Ich fühlte mich dann in den Situationen unwohl und hatte ein schlechtes Gewissen.
Mein Verstand sagte mir, dass ich für mich sorgen muss, aber die Elternbotschaft war, dass ich das nicht darf.
Mein schlechtes Gewissen und mein mieses Gefühl zeigten mir die Diskrepanz und auch den Weg auf, wo ich hinschauen muss, wenn ich mein Idealbild und mein Selbstbild miteinander in Übereinstimmung bringen möchte.

Diese unreflektierten Werte, die wir in uns tragen, sind nicht unveränderlich. Wenn sie uns bewusst werden, können wir sie verändern. Aber nur dann.

Idee:
Denk mal über die Werte nach, die du hast. Was ist dir wirklich wichtig? Was nicht?

Afformationen:
Warum kenne ich meine Werte?
Warum sind mir meine Werte immer bewusst?
Warum lebe ich nach meinen Werten?
Warum habe ich Widersprüche in mir aufgelöst?

Wir können zielgerichtet nur das verbessern, was uns bewusst ist.

14. Der Paradiesbaum – ausführlich

In den vorangegangenen Kapiteln dieses Buches habe ich dir ausführlich die Grundlagen dargelegt, damit du nun meinen Logikketten und den vielen Beispielen dazu folgen kannst.
Ich kann mir vorstellen, dass ich neugierige Leserinnen habe, die direkt mit diesem Kapitel zum ausführlichen Paradiesbaum beginnen. Und ich kann mir vorstellen, dass dann so einiges in meinen folgenden Ausführungen zum Widerspruch reizt. Dann bitte ich dich, lies auch die vorangegangenen Abschnitte dieses Buches, denn sie stehen ja nicht zufällig zu Beginn. Das nun Folgende baut darauf einfach auf.
Am besten legst du dir zum Lesen dieses Kapitels den ganzen Paradiesbaum, den du ganz hinten als Einlage in diesem Buch gefunden hast, zurecht. Dann kannst du wunderbar verfolgen, welchen Ausschnitt des Baumes ich dir gerade erkläre.

14.a. Wurzeln und Stamm

Das Selbstwertgefühl ist die Wahrnehmung des persönlichen Könnens. Diese Definition habe ich dir schon im 8. Kapitel zum Selbstwertgefühl genannt. Danach habe ich dir beschrieben, wo und wie wir ständig an Grenzen stoßen und unser Können so überhaupt nicht wahrnehmen. Für mich folgt logisch daraus, dass wir immer in diesen Momenten ein geringes Selbstwertgefühl haben. Hieraus resultiert auch meine Behauptung, dass kein Mensch immer eine gutes und kein Mensch immer ein geringes Selbstwertgefühl hat.
Als Wurzel des Paradiesbaumes habe ich mich nun für die Wahrnehmung des persönlichen Könnens entschieden. Die im vorigen Kapitel genannten Werte sind natürlich auch wichtige Wurzeln. Da ich in dem Paradiesbaum aber unser alltägliches

Verhalten und unsere Gefühle abbilden möchte, sind die Grenzen der bessere Ausgangspunkt.
Unsere alltäglichen Grenzerfahrungen können wir leicht entdecken, wenn wir uns auf die Suche machen. Den Umgang mit ihnen können wir auch recht leicht verändern, wenn uns die Zusammenhänge klar geworden sind.
Deshalb beginnen wir jetzt ganz unten bei den Wurzeln des Paradiesbaumes mit den Grenzen. Dabei ist klar, dass wir überwiegend unbewusst agieren.
Man spricht sogar von 90 bis 95 % unseres Verhaltens, das uns nicht bewusst ist.

Ein Beispiel:
Als meine vier Söhne noch alle zuhause lebten, hatte ich starke Stimmungsschwankungen, die ich auf meinen Hormonhaushalt schob. Eine Ursache also, die ich nicht so ohne weiteres hätte ändern können. Letztens waren alle inzwischen erwachsenen Söhne und ihre Frauen bei uns zu Besuch. Und plötzlich war diese schlechte Laune wieder in mir, an die ich mich schon gar nicht mehr erinnern konnte.
Mit dem Wissen um den Paradiesbaum kam ich dann darauf, dass meine schlechte Laune - damals wie heute - gar nicht mit meinem Hormonhaushalt zusammen hängt, sondern damit, dass mir die Familie Grenzen gesetzt hat bzw. ich mir selbst durch den Besuch Grenzen gesetzt habe.
Mein Haus ist bei so viel Besuch nicht mehr mein Haus. Es sieht nicht mehr so aus, wie ich es schön finde und wie ich es brauche, damit ich mich wohlfühlen kann. Mein Tagesablauf ist anders: Nicht mehr das frühe gemütliche Frühstück alleine mit Zeitunglesen, sondern gemeinsam mit allen zusammen zu einer für die Mehrheit - aber nicht für mich - angenehmen Uhrzeit und mit Gesprächen in der großen Runde. Du kannst dir weiteres ausmalen und kennst es vielleicht auch aus eigenem Erleben.
Mir war das lange Jahre nicht bewusst, dass dieses „blöde“ Gefühl im Bauch und meine schlechte Laune mit der Nicht-Befriedigung meiner Bedürfnisse zu tun hat. Mir waren meine Erwartungen und Wünsche

gar nicht bewusst. Denn natürlich sagte ich mir mit dem Verstand, dass es total klasse ist, wenn alle auf einmal da sind und dass es ja nur ein paar wenige Tage sind und dass es gar nicht schlimm ist, wenn ich mich in der kurzen Zeit mal nach den anderen richte. Erst jetzt wurde mir bewusst, dass ich hier an Grenzen gestoßen bin. Niemals zuvor hatte ich das so wahrgenommen.

Ein anderes Beispiel:
Eine Freundin berichtete mir von dem Vortrag, den sie gehalten hatte. Sie war voller Vorfreude und positiver Aufregung. Bevor es losgehen sollte, suchte sie noch das stille Örtchen auf, übersah dabei aber zwei Stufen, stolperte und fiel. Sie hat sich nicht verletzt, aber es ist etwas passiert, das sie natürlich nicht wollte. Das Bedürfnis nach Unversehrtheit ist uns in aller Regel auch nicht bewusst. Dann begann bei meiner Freundin die Veranstaltung und statt dass sie direkt mit ihrem Vortrag beginnen konnte, gab es lange Vorreden der Veranstalterin. Und plötzlich, so erzählte die Freundin, war all ihre Vorfreude und auch ihr positives Gefühl weg. Sie spulte dann ihren Vortrag runter, war aber nicht mehr ganz bei der Sache und hoffte nur, dass es niemandem auffällt.

Was hat das mit Grenzen zu tun?
Der Freundin war ihr Wollen bzw. Nicht-Wollen nicht bewusst. Sie dachte über ihre Erwartung nicht nach; sie war einfach da. Und dann kam es anders, weil sie mit den langweiligen Vorreden nicht gerechnet hatte. Diese Vorreden (und auch der Sturz vorher) waren Grenzen, an die sie gestoßen ist. Ihre Erwartung, direkt starten zu können, wurde so nicht erfüllt. Ihr Körper reagierte darauf mit dem Auflösen des positiven Gefühls hin zu einem eher frustrierten Gefühl. Sie nahm ihr persönliches Können in dem Moment nicht wahr und fühlte sich klein und der Situation ausgeliefert.

Es geht hier also um den bewussten und um den unbewussten Willen, Wunsch, das Bedürfnis bzw. um die unbewusste Erwartung. Ob er/es/sie bewusst oder unbewusst ist, spielt für die weitere Logikkette keine Rolle. Es ist sogar eher so, dass die vielen unbewussten Wünsche und Erwartungen in uns das weitere Verhalten bestimmen.
Nun also auf der nächsten Seite zur Logikkette der Wurzeln und des Stammes des Paradiesbaumes.

Das geringe Selbstwertgefühl an sich ist keine Motivation zum Handeln. Aber das Selbstbild ist die Motivation, da wir es mit unserem Idealbild abgleichen und das dann bei größerer Differenz in uns den Wunsch auslöst, stärker zu sein oder uns in dem negativen Selbstbild zu bestätigen, so wie ich es im Kapitel 6 mit der Kurzfassung des Paradiesbaumes schon beschrieben habe. Aber in der Kurzfassung habe ich der Einfachheit halber das Selbstbild weggelassen.

Die empfundene Differenz zwischen unserem Idealbild und unserem Selbstbild bringt uns zum Fühlen und zum Handeln.

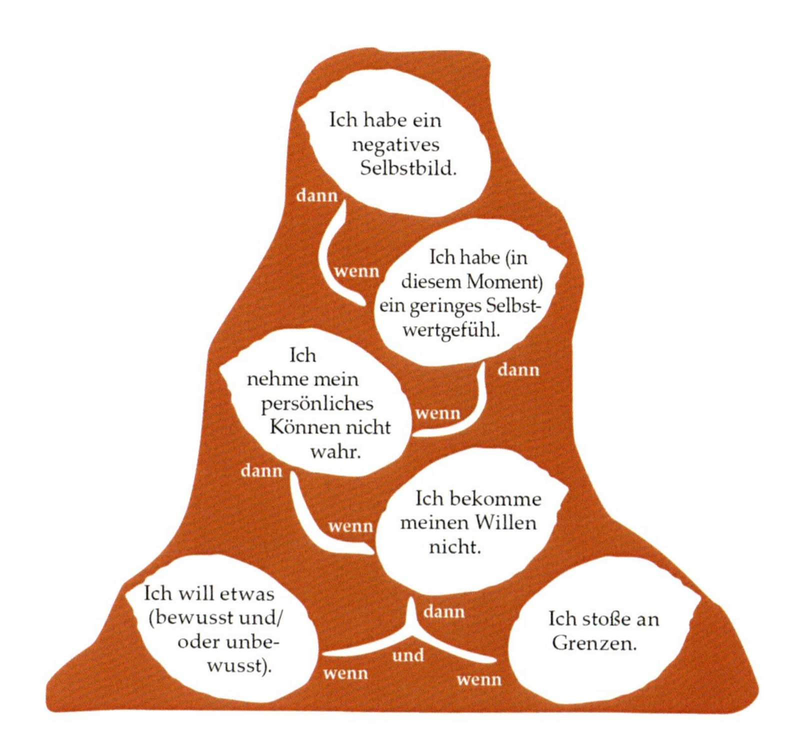

Logikkette:
Wenn ich etwas erreichen oder haben will und an Grenzen stoße, dann kann ich meinen Willen nicht durchsetzen und meine Erwartung wird nicht erfüllt.
Und wenn ich meinen Willen nicht durchsetze und meine Erwartung nicht erfüllt wird, dann nehme ich in diesem Moment mein persönliches Können nicht wahr.
Wenn ich mein persönliches Können nicht wahrnehme, dann habe ich – in diesem Moment! – ein geringes Selbstwertgefühl.
Und wenn ich ein geringes Selbstwertgefühl habe, dann habe ich ein negatives Selbstbild.

14.b. Der rote, rechte Ast

Wir folgen jetzt dem roten, dem rechten Ast des Paradiesbaumes.

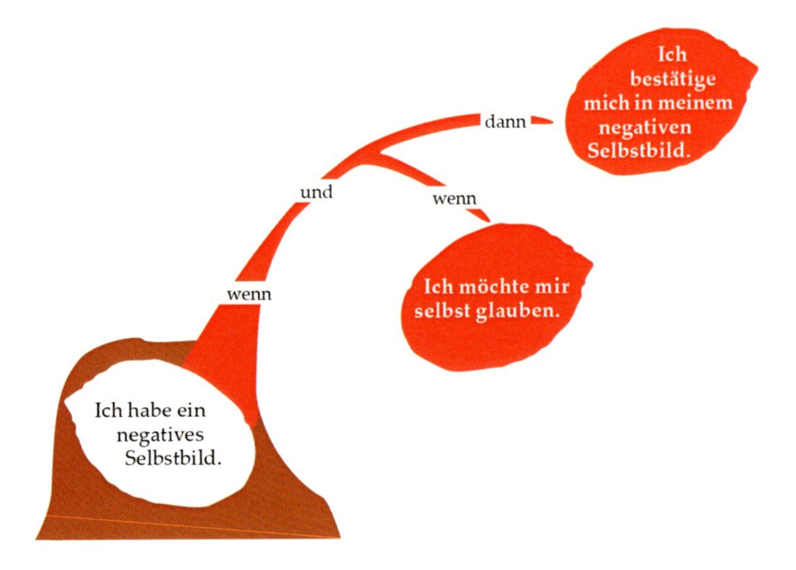

Logikkette:
Wenn ich ein negatives Selbstbild habe und mir selbst glauben möchte, dann tue ich alles, um mich in diesem negativen Selbstbild bestätigen zu können (natürlich unbewusst!).

Ich achte auf Negatives

Hier geht es um die Wahrnehmung.

Logikkette:
Wenn ich mich in meinem negativen Selbstbild bestätigen möchte, dann kann ich das z.B. tun, indem ich nur alles Negative sehe und alles andere noch dazu negativ bewerte.

Zum Beispiel achte ich auf alle meine Schwächen:
Ich finde mich zu klein oder zu groß, zu dick oder zu dünn, zu phlegmatisch oder zu lebhaft, zu schnell oder zu langsam, zu schwach oder zu grob, …

Oder ich achte auf meine Fehler:
Mir fällt auf, dass ich schon wieder etwas vergessen habe, mir schon wieder etwas kaputt gegangen ist oder dass ich mich schon wieder gestoßen habe.

Ich vergleiche mich mit anderen, schneide dabei durch meine negative Wahrnehmung schlecht ab und bin neidisch.
Ich höre negative Zwischentöne und zwar deutlich mit dem Beziehungsohr[18]:
Ein Mailwechsel begann immer mit „Liebe Christiane!" und auf einmal beginnt eine Mail nur noch mit „Hallo Christiane". Das heißt, er mag mich nicht mehr oder ich habe etwas falsch gemacht und er ist sauer auf mich.

In die gleiche Richtung geht auch, dass ich Aussagen, die andere über sich treffen, auf mich beziehe und mich dann zu allem Überfluss dafür auch noch schuldig fühle.
Mein Mann hat heute Abend keine Lust mit mir Essen zu gehen: „Aha, er liebt mich nicht mehr, sonst würde er mir den Gefallen tun. Und vielleicht hat er sogar eine andere?"

Oder:
Ich musste einmal eine Einladung absagen, weil sie in die Öffnungszeiten meiner Straußwirtschaft gelegt wurde. Die Einladende war monatelang beleidigt, weil sie meine Absage auf sich bezog.

---

[18] Siehe Kapitel 24 „Die Macht deiner Gedanken"

Andersrum hätte ich auch ihre Einladung negativ auf mich beziehen können, weil sie doch wusste, dass ich da arbeite, und wenn sie mich hätte dabei haben wollen, dann hätte sie doch auf meine Zeiten Rücksicht genommen! …

Eine weitere Möglichkeit der negativen Wahrnehmung ist es, auch das Verhalten anderer Menschen negativ auf sich zu beziehen. Vorher ging es um Aussagen im direkten Gespräch. Und jetzt geht es um das Verhalten:
Du bist im Supermarkt unterwegs und siehst zwei Bekannte, die sich miteinander unterhalten. Du grüßt, aber sie grüßen nicht zurück. Und du schließt dann daraus, dass sie über dich geredet haben oder dass du etwas falsch gemacht hast und sie dich deshalb bewusst ignorieren und ähnliches. Das könnte sich genauso gut in der Cafeteria deiner Firma abspielen, auf der Straße in deinem Wohnort, bei einem Konzert oder irgendwo anders.

Die Beispiele für negative Wahrnehmung sind also erstmal aus meiner persönlichen Sicht: „Ich alleine, mit dem, wie ich bin und was ich falsch mache“ und danach dann: „Ich mit meiner Rolle zwischen anderen Menschen.“

Ich achte nicht auf Positives:

Das ist tatsächlich etwas anderes, als nur das Negative wahrzunehmen. Denn es gibt sehr viel Gutes und Schönes in der Welt und ich nehme das nicht wahr, wenn ich mich gerade in meinem negativen Selbstbild bestätigen möchte.

Schau dir dazu die Grafik auf der nächsten Seite an.

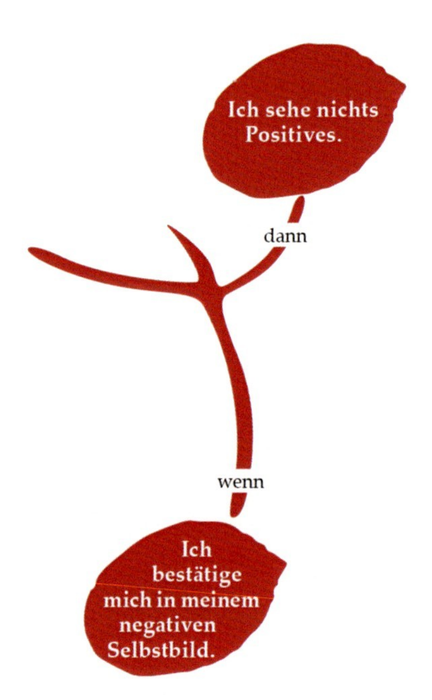

Logikkette:
Wenn ich mich - natürlich unbewusst! - in meinem negativen Selbstbild bestätigen möchte, dann kann ich das auch tun, indem ich **nicht** auf das Positive achte.

Ich nehme meine Stärken nicht wahr:
Dass ich z.B. sehr musikalisch bin oder eine gute Sportlerin oder dass ich gut schreiben und mich ausdrücken kann oder hilfsbereit und bei den Kolleginnen sehr geschätzt bin. …

Ich achte nicht auf das, was ich gut mache:
Dass ich z.B. super gut nähen kann oder zuhören oder kochen. Oder dass ich alleinerziehend und mit Kindern und Job echt viel leiste. …

Ich höre tatsächlich mit meinen Ohren kein Lob, keine Anerkennung und keine Komplimente:
„Früher hast du mir immer Komplimente gemacht, das machst du jetzt gar nicht mehr." – „Doch, ich habe dir eben gesagt, dass das Essen wieder super gut schmeckt, aber du hast es nicht gehört!"

Du kannst deine Wahrnehmung steuern, wenn du es willst.

Es kann auch sein, dass du in der Situation Komplimente, Lob und Anerkennung nicht glauben möchtest:
„Ach, das sagst du nur so, meinst es aber nicht wirklich", „Das stimmt doch gar nicht" oder „Das glaube ich dir nicht"

Ich nehme das Positive nicht an und werte es ab - und damit auch mich selbst:
„Ich sehe gut aus? Ne, ich muss dringend wiedermal zum Haare schneiden" oder „Das war ja nicht so schwer". Oder auch die Redewendung „nicht dafür" oder „dafür nicht", mit der Dank zurückgewiesen wird.

Diese letzten drei Punkte führen dazu, dass ich mit meinem Verhalten mein Gegenüber abwerte. Er/sie hat mich gelobt, mir Anerkennung gegeben oder sogar Komplimente gemacht, aber ich habe es nicht gehört, nicht geglaubt oder sogar zurückgewiesen. Mit diesem Verhalten missachte ich mein Gegenüber. Und einen anderen Menschen abzuwerten, ist eine Möglichkeit, sich selbst wieder zu stärken. Darauf komme ich später zu sprechen, wenn ich den blauen, linken Ast erkläre.

**Du entscheidest,
ob du so sein möchtest,
wie du bist.**

Ich suche negative Erlebnisse:

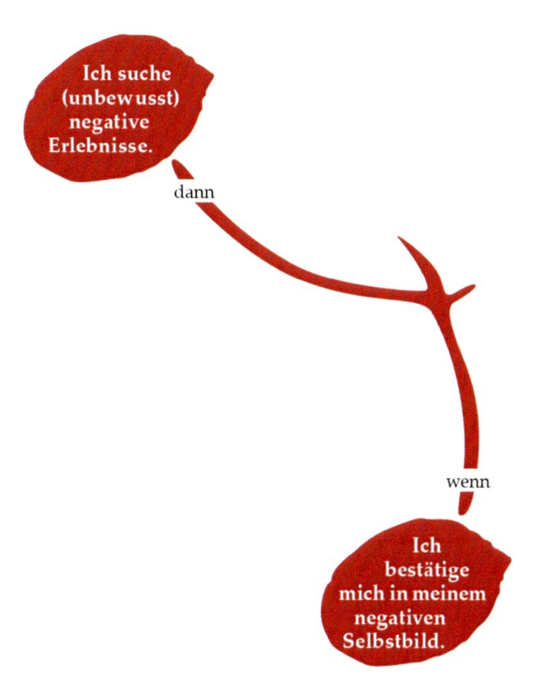

Logikkette:
Wenn ich mich in meinem negativen Selbstbild bestätigen möchte (natürlich unbewusst!), dann kann ich auch durch mein Verhalten negative Erlebnisse forcieren.

Negative Erlebnisse sind zum Beispiel, dass ich mir viel *zu hohe Ziele setze, Ideale anstrebe, die ich niemals erreichen kann oder auch, dass meine To-do-Listen so lang sind, dass ich sie sowieso nicht abarbeiten kann.* Dadurch bestätige ich mir am Ende des Tages, dass ich es wieder einmal nicht hinbekommen habe.

Alles, mit dem ich ein hohes Risiko eingehe, wird dann zum negativen Erlebnis, wenn der Risikofall eintritt:
Ein Unfall durch zu schnelles Fahren mit Auto oder Mountainbike oder bei anderen Risiko-Sportarten, der Verlust im Spielcasino oder an der Börse, das „Spiel“ mit Menschen, z.B. jemanden „zappeln“ zu lassen und ähnliches, wenn sich der Mensch dann abwendet oder nicht wie erhofft reagiert.

Ich kann auch einen Streit vom Zaun brechen, indem ich das Negative nicht nur wahrnehme, sondern es auch ausspreche und andere beschuldige:
„Musst du immer …“, „Kannst du nicht einmal wenigstens…“, „Schon wieder hast du …“

Oder indem ich beleidigt, eingeschnappt oder auf Kleinigkeiten übertrieben heftig reagiere:
Wenn z.B. meine Hilfe abgelehnt wird: „Dann mach doch deinen Kram alleine“, „Dann biete ich dir eben nicht mehr meine Hilfe an“, „Ach, lass mich doch in Ruhe!“, „Halt doch endlich mal die Schnauze!“

In den meisten Fällen wird das zu Streit oder wenigstens zu noch mehr Verstimmungen und Eiszeit zwischen den betroffenen Menschen führen.

Eine weitere Möglichkeit, Negatives zu erleben ist es, anderen Menschen Vorwürfe zu machen. Selbst, wenn sie sich nicht verteidigen und dadurch der offene Streit vermieden wird, wird das unweigerlich zu Ablehnung durch die beschuldigte Person führen.

Auch ziehen Menschen, die sich gerade in ihrem negativen Selbstbild bestätigen wollen, sehr „gerne" Konsequenzen, die ihnen wiederum ein noch schlechteres Selbstbild bescheren.
Wenn ich z.B. wahrnehme, dass ich in einer Gruppe nicht gerne gesehen werde, dann kann die negative Konsequenz daraus sein, dass ich nicht mehr in diese Gruppe gehe und mich selbst von Sachen ausschließe, die ich eigentlich gerne mache.

Mir hat letztens ein Paar erzählt, dass sie – nachdem sie sich lange in ihrer Kirchengemeinde engagiert haben – Ablehnung und mangelnde Wertschätzung wahrgenommen haben. Die Folge war nicht nur, dass sie sich aus dem aktiven Engagement zurück gezogen haben und auch dort nicht mehr in den Gottesdienst gegangen sind, sondern ihre negative Konsequenz ging so weit, dass sie nicht mal mehr zu Konzerten und anderen Veranstaltungen dieser Gemeinde gegangen sind, obwohl sie diese sehr interessiert hätten. Sie haben sich dadurch quasi ins eigene Fleisch geschnitten.

Oder ich frage eine Freundin, ob sie mit mir ins Kino geht. Da sie aber ablehnt, gehe ich selbst auch nicht alleine in den Film, den ich eigentlich so gerne gesehen hätte. Auch ein negatives Erlebnis, weil ich so nicht das tun konnte, was ich mir eigentlich gewünscht habe.

Viele Menschen leiden unter ihren Ängsten. Auch die gehören in die Rubrik „negative Erlebnisse zu forcieren". *Denn wenn ich mich durch meine Angst blockieren lasse und deswegen viele Dinge nicht tue, die ich doch eigentlich gerne tun würde, dann zieht das eben dieses negative Erlebnis bzw. das Nicht-Erleben des Positiven nach sich.*

Weitere Möglichkeiten negative Erlebnisse zu forcieren, sind alle Dinge, mit denen ich mir schade.
Dazu gehören alle mich gesundheitlich schädigenden Substanzen: Nikotin, Alkohol und andere Drogen, aber auch ungesundes Essen oder körperliche Verstümmelungen wie Bulimie, Magersucht, Ritzen und ähnliches.

Ein bewährtes Mittel, das wir alle auch immer wieder anwenden, ist die Pflege der inneren Schweinehündin oder des Schweinehundes.
Wenn ich mir etwas vornehme (mehr Sport, weniger Alkohol und Süßes, Fernsehen, …) und es dann aber nicht tue, dann bestätige ich mir damit wieder ganz wunderbar, dass ich es eben nicht hin bekomme, dass ich zu schwach und zu unbeherrscht und zu undiszipliniert bin.

Aber auch das Abbrechen erfolgreicher Tätigkeiten gehört dazu.
Du schaffst erstmal das, was du dir vorgenommen hast, wie z.B. mit dem Rauchen aufzuhören oder täglich Sport zu machen. Aber auf einmal greifst du doch wieder zur Zigarette, lässt du ohne ersichtlichen Grund den Sport bleiben, deine Disziplin versandet und du fällst in den alten Trott zurück.

Unter dem Stichwort „Ich nehme Positives nicht an" habe ich schon darauf hingewiesen, dass ich mit diesem Verhalten mein Gegenüber, das mir gerade etwas Gutes tun oder sagen wollte, abwerte. Da ging es um die Wahrnehmung. Diesmal verwende ich das gleiche Beispiel für das Verhalten.
Auch wenn ich Menschen abwerte und ihren Dank oder ihre Anerkennung zurückweise, kann das zu Streit führen. Je nachdem, wie die Person dann mit der Zurückweisung umgeht.

Es kann auch zu negativen Erlebnissen führen, wenn ich immer alles alleine machen will und mich dadurch überfordere, mir einfach zu viel aufbürde, keine Hilfe annehme und meine Grenzen missachte.
Je nachdem welcher Art die Tätigkeit ist, kann das dann zum Hexenschuss, zu Migräne, zur Schwächung meines Immunsystems oder zum Knochen-Verschleiß bis hin zum Burnout führen.

Diese beschriebenen Verhaltensweisen führen alle zu negativen Erlebnissen, denn Streit, Verletzungen und Krankheiten sind genau das.

Negative Erlebnisse machen dich nicht glücklich.

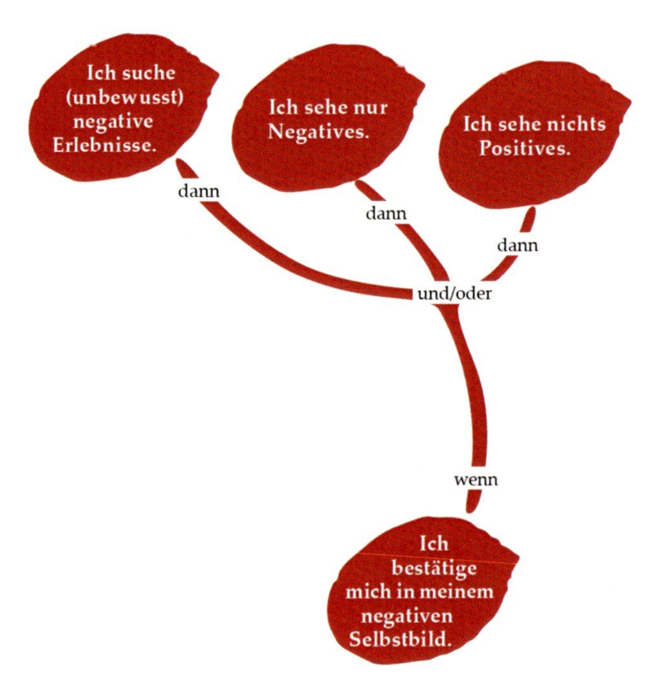

Zusammenfassung der Logikketten:
Wenn ich mich in meinem negativen Selbstbild bestätigen will, dann kann ich das sehr gut tun, indem ich nur Negatives wahrnehme, indem ich Positives nicht beachte und indem ich negative Erlebnisse suche.

Und weiter:

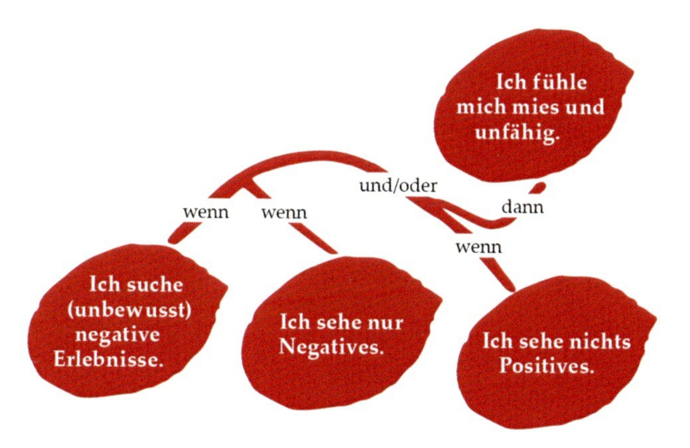

Logikkette:
Wenn ich nur Negatives sehe und das Positive nicht wahrnehme und wenn ich mir negative Erlebnisse suche, dann fühle ich mich mies und unfähig.

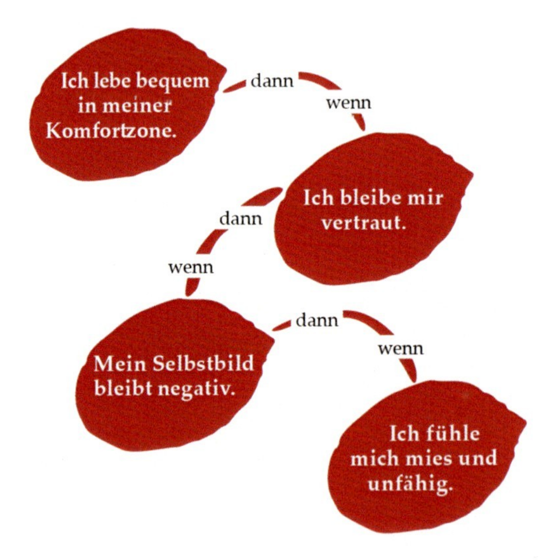

Logikkette:
Wenn ich mich mies und unfähig fühle, dann bleibt mein Selbstbild negativ.
Und wenn mein Selbstbild negativ bleibt, dann lebe ich so, wie es mir vertraut ist. Und wie ich es vermutlich schon so viele Jahre lang kenne, wie ich alt bin, nämlich ganz bequem in meiner Komfortzone.

Veränderung kostet Kraft und so richtig weiß ich ja nicht, wo mich der Weg hinführt, wenn ich die Veränderung wähle. So bleibe ich doch lieber bei dem gewohnten Verhalten und lebe weiterhin ganz bequem und kräfteschonend. Eigentlich ganz praktisch.
Aus diesem Grund gehen so viele Menschen unbewusst diesen Weg, der aber leider zu Krankheiten und Depressionen führen kann.

Genau dies ist der Vorteil und der Nutzen des Paradiesbaumes: Er zeigt dir auf, mit welchem Verhalten du zu welchem Ergebnis kommst. D.h. die Unsicherheit, wohin dich die Veränderung führen wird, sollte dir spätestens am Ende dieses Buches genommen sein!

Im Kapitel 13 „Werte, Selbstbild, Idealbild" habe ich dir erklärt, dass dein Selbstwertgefühl eng damit verknüpft ist, wie das Verhältnis zwischen deinem Selbstbild und deinem Idealbild ist.
Vermutlich wird dein Idealbild nicht so aussehen, dass du ein negativer Mensch und streitsüchtig und krank sein willst. Das heißt, dass du mit den o.g. Verhaltensweisen und Gefühlen deinem Idealbild nicht nahe kommen wirst. Deshalb wirst Du mit diesem Verhalten auch nicht glücklich sein und schon gar nicht paradiesisch leben.
Und genau aus diesem Grund gehst du auch oft einen anderen Weg und turnst lieber auf dem linken, blauen Ast des Paradiesbaumes.

Afformation:
Warum merke ich, wenn ich mich auf dem roten Ast befinde?

14.c. Der blaue, linke Ast

Wir haben gesehen, dass der rechte, rote Ast zwar im Ergebnis bequem, aber doch nicht so wirklich schön ist und uns schon gar nicht zu einem glücklichen Leben führt. Deshalb bewegen wir uns auch durchaus sehr häufig auf dem linken, dem blauen Ast des Paradiesbaumes.

Hier haben wir nämlich instinktiv erkannt, dass wir unser negatives Selbstbild auf Kosten anderer Menschen aufpolieren können.

Oft führt uns die Wahrnehmung von Grenzen zuerst auf den roten Ast und zu unserer vertrauten negativen Wahrnehmung. Aber nur einen ganz kurzen Moment und dann turnen wir links rüber, um uns zu stärken und unser Selbstbild aufzupolieren.

Es ist völlig normal, auf den Ästen des Paradiesbaumes hin und her zu turnen.

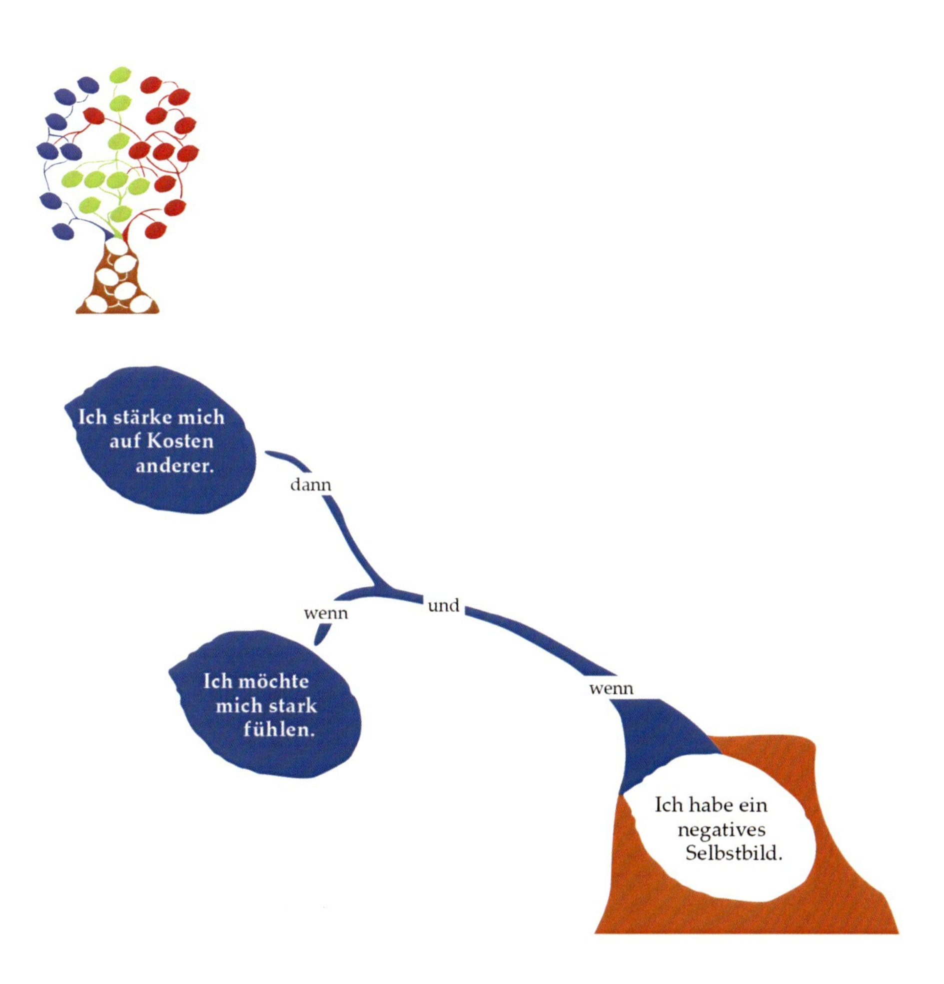

Logikkette:
Wenn ich also ein negatives Selbstbild habe und mich stark fühlen möchte, dann kann ich mich auf Kosten anderer Menschen stärken.

Ich werte andere Menschen ab:

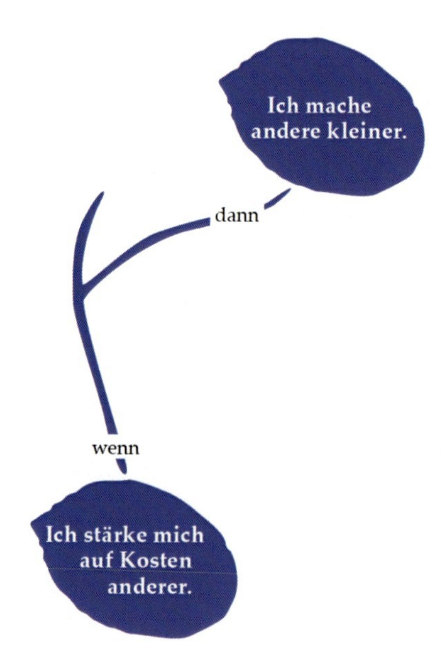

Logikkette:
Wenn ich mich auf Kosten anderer Menschen stärken möchte, dann kann ich das erstmal dadurch tun, indem ich andere abwerte, sie also im übertragenen Sinne kleiner mache.

Das tun wir ständig und immer wieder, z.B. wenn wir über die Nachbarin lästern, wie man sich nur so anziehen kann, oder wenn wir auf die Politiker oder über die Vorgesetzten schimpfen, was die wieder für einen Mist verzapfen, oder wenn wir den Azubi zusammenstauchen oder den lahmen Autofahrer vor uns als Blödmann betiteln oder uns über die Jugend von heute aufregen oder oder oder.

Ich mache die anderen schlecht und stelle mich dadurch über sie, denn ICH tue so etwas ja nicht und würde mich an deren Stelle viel besser verhalten.

Eine weitere Möglichkeit, andere klein zu machen, ist es, ihnen die Schuld für etwas in die Schuhe zu schieben. Damit wasche ich mich nämlich selbst rein. Das ist ein sehr bewährtes Mittel vor allem bei männlichen Kindern.
Ich habe ja vier Söhne groß gezogen und die Aussage „Ich war das nicht" war dann irgendwann bei uns so ein Running Gag, dass ich einmal zu Weihnachten für alle T-Shirts habe drucken lassen, auf denen vorne stand: „Egal, um was es geht," und hinten drauf „ich war das nicht". Die Verkäuferin der noch einfarbigen T-Shirts amüsierte sich über meine Idee und bestätigte mir, dass das von ihren Söhnen und ihrem Mann auch ständig betont wird: „Ich war das nicht!"

Eine fiese Methode, sich selbst auf Kosten anderer zu stärken, ist es, sie bloß zu stellen, ihre Schwächen zu betonen und sie bewusst zu verletzten.
Stell dir die Situation vor, dass du und dein Mann Euch mit einem anderen Paar unterhaltet. Es geht ums Kochen und du sagst „Ich fände das ja auch schön, wenn mein Mann mal kochen würde, aber das kriegt der einfach nicht hin". Wie fühlt sich dein Mann dann wohl? Genau: Klein und bloßgestellt. Und du hast dich auf seine Kosten gestärkt. Und du hattest es vielleicht in dem Moment nötig, weil du dir wünschst, dass er es tut, aber dieser Wunsch nicht erfüllt wird. Wieder eine Grenze, an die du gestoßen bist.

Auch wenn ich Zweifel an der Fähigkeit von Menschen äußere, werte ich sie damit ab.

Statussymbole und auch andere Gegenstände kann ich ebenso verwenden, um andere Menschen abzuwerten oder auch um mich über sie zu erheben. Je nachdem in welcher Art man sie verwendet und das betont und kommuniziert.
Unser Haus ist mit dem gängigen Werkzeug ausgerüstet und nicht mit dem schlechtesten. Wenn dann aber unser Hausmeister kommt und zum Schneeschippen seine eigene Schaufel mitbringt, obwohl wir eine edle, ganz leichte haben, und wenn ihm die Körnung unseres Streugutes nicht gefällt und er deshalb eigenes anschleppt, dann ist das durchaus auch eine Abwertung unserer Arbeitsgeräte und unserer Materialien und ein Herausheben seiner tollen Sachen.
Er wiederum kann es als Abwertung seiner Sachen und seiner Mühe empfinden, wenn wir ihm dann sagen, dass das doch nicht nötig gewesen wäre, statt ihm für seine Mühe und sein Mitdenken zu danken.

Menschen, die ich nicht leiden kann und verachte, kann ich ganz klitzeklein und sogar unsichtbar machen, indem ich sie ignoriere. Jemanden wie Luft zu behandeln, so als wäre sie/er gar nicht vorhanden, wird schon von Kindern mit großem Erfolg praktiziert. Das trifft so richtig. Aber leider wird das mit uns Frauen auch in der Sprache immer noch gemacht. Wenn Frauen nicht genannt werden, dann ignoriert man ihre Existenz, stellt sich über sie und degradiert sie zum Nichts, zu nichts Erwähnenswertem!

Kommunikation ist nicht einfach,
aber du kannst sie lernen.

Ich übe Macht über andere aus:

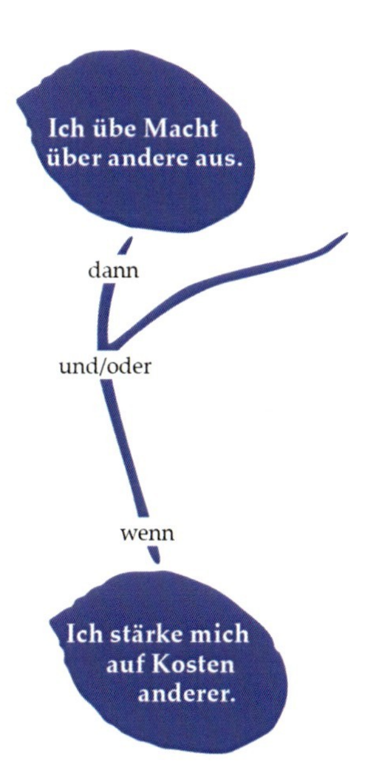

Logikkette:
Wenn ich mich selbst auf Kosten anderer Menschen stärken will, dann kann ich das auch tun, indem ich über sie Macht ausübe und mich dadurch deutlich über sie stelle.

Zum Macht-Ausüben fallen dir sicherlich sofort Beispiele ein.
Da ist zum einen das Bestimmen, Dominieren, Mobben und Bossen[19].
Wenn ich vorgebe, wo es im Urlaub hingehen oder wie es im Haus aussehen soll oder überhaupt, wo der Hase langzulaufen hat. Wenn ich meine Position ausnutze, um Menschen fertig zu machen oder gar aus dem Job zu ekeln. Wenn ich mich mit anderen verbünde, um jemanden zu verleumden und so weiter. Die Hasskampagnen im Internet gehören dazu, Fake-news zum Teil auch und ähnliches.

Es gibt auch Menschen, die versuchen, immer auf ihrem Recht zu beharren. Dazu legen sie sich gerne mit Ämtern an oder ziehen jede Kleinigkeit vors Gericht.
Da gab es doch mal so einen „Knöllchen-Horst", der genau aufpasste, ob jemand im Parkverbot steht, und dann jedes Mal die Polizei oder das Ordnungsamt benachrichtigte. Dahinter steht das dringende Bedürfnis, sich moralisch über andere zu erheben.

Eine weitere Form des Sich-über-andere-Erhebens ist die Besserwisserei. Du kennst sicherlich auch diese Menschen, die ihren Senf ständig dazu geben, immer das letzte Wort haben wollen und alles kommentieren oder korrigieren. Das sind Menschen mit Geltungsdrang. Aber warum haben sie diesen Geltungsdrang? Weil sie Anerkennung suchen und sich die Verhaltensweise Besserwisserei als ein für sie erfolgreiches, sie stärkendes Verhalten antrainiert haben.

Im Grunde stellen sich auch Menschen, die lehren über diejenigen, die sie belehren. Ob das aber hier auf den linken, blauen Ast gehört ist die Frage ihrer Motivation. Tun sie das, um sich über die anderen zu erheben? Oder tun sie das, weil sie anderen mit ihrem Wissen weiterhelfen wollen?

---

[19] Bossen ist mobben vom Chef = Boss aus.

Im zweiten Fall, gehört das Lehren und Belehren auf den mittleren Ast, den ich gleich erläutere.
In diese Kategorie fällt auch noch einmal das Beispiel mit dem Verletzen anderer Menschen. Das beim roten Ast genannte Beispiel war das deutliche Abwerten eines Menschen. Es geht aber auch umgekehrt, indem ich mich über einen anderen erhebe.
So auf die Tour: „Lass nur! Ich kann das besser" oder „Ich mache das lieber selbst, dann wird es wenigstens ordentlich/richtig".
Oder auch nonverbal, indem ich das, was jemand gerade getan hat, nochmal wiederhole (hinterherputzen, weil es mir nicht sauber genug ist; lieber selbst nochmal nach den Fahrzeiten schauen, weil er vielleicht nicht richtig geguckt hat; …)
Damit verletzte ich auch mein Gegenüber, aber indem ich mich über ihn/sie erhebe. Zwei Seiten einer Medaille.

Wenn ich eine Mauer um mich herum baue oder eine Maske aufsetze, stelle ich mich auch über andere Menschen. Ich zeige nicht, wie ich bin, was ich fühle und denke und lasse sie nicht teilhaben an mir. Dadurch bin ich unberechenbar und irritiere mein Gegenüber. Es fühlt sich zwangsläufig klein, weil es nicht weiß, woran es mit mir ist.

Auch Menschen, die unzuverlässig sind, stellen sich mit diesem Verhalten über andere, weil sie ihnen aufzwingen, sich anders zu verhalten, als sie es eigentlich wollen oder wollten.

Ein Beispiel:
Ich habe letztens wieder meinen Vortrag zum Paradiesbaum an der Volkshochschule in Wernigerode gehalten. 12 Menschen waren angemeldet, aber um 19:00 Uhr, als der Vortrag beginnen sollte, waren erst fünf da. Von den Fehlenden lagen keine Abmeldungen oder Entschuldigungen vor. Sie waren nicht da - ein Zeichen von Unzuverlässigkeit - und zwangen uns dadurch zu überlegen, wie wir damit jetzt umgehen. Die Mitarbeiterin der Volkshochschule, die die

Teilnahmebescheinigungen vorbereitet hatte, sie verteilen und die Teilnahmegebühr kassieren wollte, hatte danach Dienstschluss. So wurde es für sie später, weil wir noch warteten und uns Gedanken machten, ob die Fehlenden vielleicht nur keinen Parkplatz gefunden haben, ob sie im Stau stehen, einen Unfall hatten oder woran es sonst liegen mag, dass sie nicht da sind.
Die Mitarbeiterin der Volkshochschule hatte dann im Nachhinein sehr viel zusätzliche Arbeit, weil sie die Teilnahmegebühr trotzdem eintreiben musste, auch wenn die Leute nicht gekommen waren.
Hätte die VHS vorher gewusst, dass nur fünf teilnehmen werden, dann wäre der Vortrag abgesagt worden, denn es muss sich ja auch für die VHS irgendwie rechnen.
Ich finde, das ist ein schönes Beispiel dafür, wie unzuverlässige Menschen auf andere Macht ausüben und sie zu einem Verhalten zwingen, das diese ursprünglich nicht wollten.
An dieser Stelle möchte ich nochmal darauf hinweisen, dass uns unser Wollen und unsere Erwartungen meist gar nicht bewusst sind und auch nicht die Auswirkungen unseres Verhaltens. Kaum einem unzuverlässigen Menschen ist es bewusst, dass er dadurch Einfluss auf andere nimmt, obwohl ja doch vielen der Ausspruch von Paul Watzlawik „Man kann nicht nicht kommunizieren." bekannt ist.

Im Übrigen fällt Unzuverlässigkeit auch in die Kategorie „Ich suche (unbewusst) negative Erlebnisse" vom roten, rechten Ast des Paradiesbaumes. Denn unzuverlässige Menschen riskieren, dass man mit ihnen irgendwann nicht mehr rechnet oder dass sie nicht mehr eingeladen oder beteiligt werden. Damit haben sie das negative Erlebnis der Ablehnung. Doch dazu komme ich bei der nächsten Logikkette nochmal.

Weiter mit den Möglichkeiten, wie sich jemand über andere Menschen stellen und über sie Macht ausüben kann:

Ich kann mich auch über andere Menschen erheben, indem ich zur Schau stelle, was ich Tolles besitze und mir leisten kann und sie nicht. *Das sind die kleineren Statussymbole, wie Markenklamotten und Handtaschen, geht über Größeres wie die Rolex-Uhr und teure Autos bis hin zur Yacht, dem Traumschloss und der 12-monatigen Weltreise. Wenn ich das alles anderen gegenüber hervorhebe und betone, dann sorge ich dafür, dass sich diese klein fühlen, weil sie sich das nicht leisten können. Ich bekomme dafür dann die Bewunderung oder den Neid meiner ZuhörerInnen und sehe die Ehrfurcht in ihren Augen.*

In den entsprechenden Kreisen bekomme ich auch Bewunderung und Anerkennung, wenn ich andere Menschen hinters Licht führe. Ich bin mir sicher, dass Betrüger (nicht nur Steuerbetrüger) eine gewisse Befriedigung und vor allem das Gefühl von Stärke verspüren, wenn sie jemanden mal wieder ordentlich übers Ohr gehauen haben.
Auch der kleine Taschendieb, der einer alten Frau auf dem Weihnachtsmarkt erfolgreich die Handtasche entwendet hat, freut sich nicht nur über das Geld, das er darin gefunden hat, sondern er erfreut sich auch an seiner Geschicklichkeit oder an der Listigkeit, mit der er das geschafft hat.

Hier schließe ich mit der etwas „harmloseren" Form des Machtausübens über andere Menschen an, nämlich mit der Manipulation. Dabei nutze ich meine Kenntnis über den anderen Menschen und meine Intelligenz, um meine Ziele zu erreichen. Geschickt agiere und kommuniziere ich so, dass dem Gegenüber nichts anderes mehr übrig bleibt, als das zu tun, was ich mir wünsche. Da ich mit diesem Verhalten auf ihn und seinen Willen keine Rücksicht nehme, sondern nur meine eigenen Interessen im Auge habe, ist das auch eine Form der Machtausübung. Je nach Situation kann es sogar sein, dass für den manipulierten Menschen daraus ein böses Erwachen folgt.

Erinnere dich an das Beispiel der Frau, die für den Kredit ihres Partners gebürgt hat. Es kann sein, dass er sie manipuliert hat, um ihre Unterschrift zu bekommen.

Sämtliche Formen von körperlicher Gewaltausübung sind natürlich eine Möglichkeit, sich über andere zu stellen. Kinder zu schlagen und zu misshandeln ist für Erwachsene ja noch relativ „einfach", weil die körperliche Überlegenheit tatsächlich da ist. Die Taten dann ins Netz zu stellen, das ist ein schwierigerer Schritt. Und auch damit fühlen sich die Täter stärker, denn es gehört ja nicht nur Mut dazu, sondern auch das technische Knowhow und das sichere Bewegen z.B. im Darknet.

Und wie viele Menschen versuchen sich zu stärken, indem sie hoffen, dass der Glanz bzw. die Stärke anderer auf sie abfärbt. Sie schließen sich den scheinbar Starken an, demonstrieren ihre Zugehörigkeit und fühlen sich dadurch auch selbst stark.
Zum Beispiel die vielen Mitglieder des Motorradclubs „Hells Angels", die nicht durch Gewalttaten auffallen, aber durch ihre Kluft bei Fernstehenden Respekt hervorrufen. Oder die sogenannten Ultras, die Hardcore-Fans von Fußballvereinen. Auch Musikbands mit gewaltverherrlichenden Texten haben ihre Fans, die deren T-Shirts und andere Fan-Utensilien tragen, um Stärke zu zeigen, ohne aber selbst gewalttätig zu sein.

Du hast dich sicherlich in so einigen – wenn auch nicht in allen – Beispielen wieder erkannt, die ich dir eben aufgezählt habe. Es gibt sehr viele Möglichkeiten, sich über andere Menschen zu stellen oder wie ich es im Baum ja auch direkt formuliert habe: Sich auf Kosten anderer Menschen zu stärken.
Es ist völlig normal, das zu tun. Mir passiert es ebenso wie dir. Irgendwie muss ich ja mit dem negativen Gefühl umgehen, das ich habe, wenn ich an Grenzen stoße.

Manchmal allerdings passiert es, dass diese Verhaltensweisen nicht zu dem erwünschten Resultat führen. Man erntet dann statt Bewunderung oder Furcht beim Gegenüber Verachtung und Ablehnung. Ganz klar ein unerwünschter Effekt und ein negatives Erlebnis. Genau, da klingelt auch bei dir etwas: Passiert es, dass du für dein Verhalten Ablehnung und Kritik erlebst, bist du wieder auf dem rechten, dem roten Ast in der Kategorie „Ich suche (unbewusst) negative Erlebnisse."

Es gehört zum Leben dazu,
sich immer mal wieder
auf Kosten anderer zu stärken.

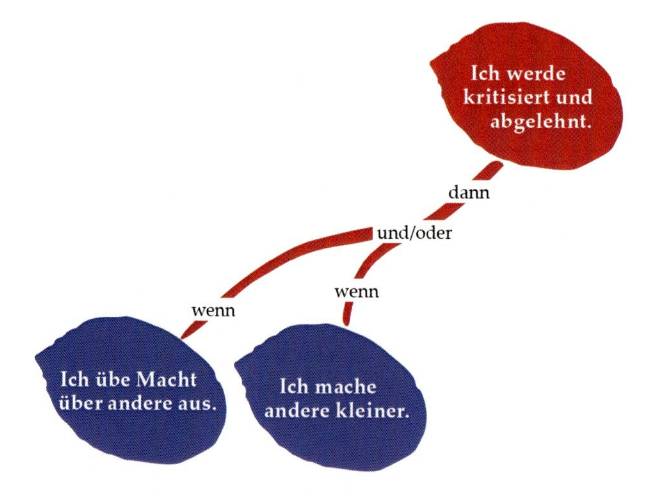

Zusammenfassung der Logikketten:
Wenn ich andere klein mache und/oder über andere Macht ausübe, dann kann es passieren, dass ich kritisiert und abgelehnt werde.

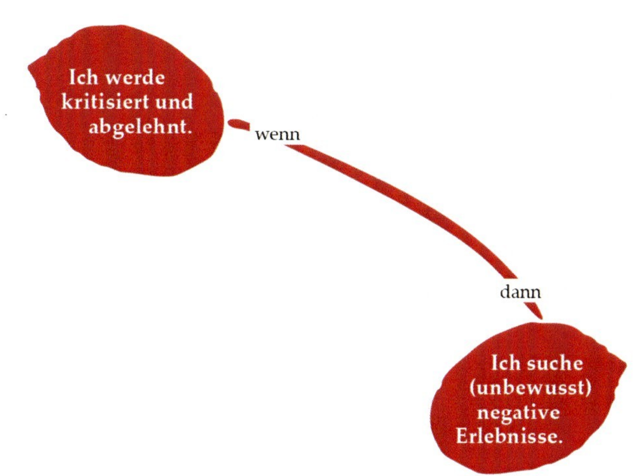

Logikkette:
Wenn ich kritisiert und abgelehnt werde, dann habe ich ein negatives Erlebnis.

Wir haben uns dieses Verhalten, andere Menschen klein zu machen und über sie Macht auszuüben, angewöhnt, weil wir gemerkt haben, dass wir uns dadurch stärken können. Und das konnten wir deshalb feststellen, weil es neben dem unerwünschten Effekt der Ablehnung und Kritik auch den erwünschten Effekt gibt, dass andere Menschen uns durch dieses Verhalten für stark halten.

**Es tut gut,
von anderen für stark gehalten zu werden.**

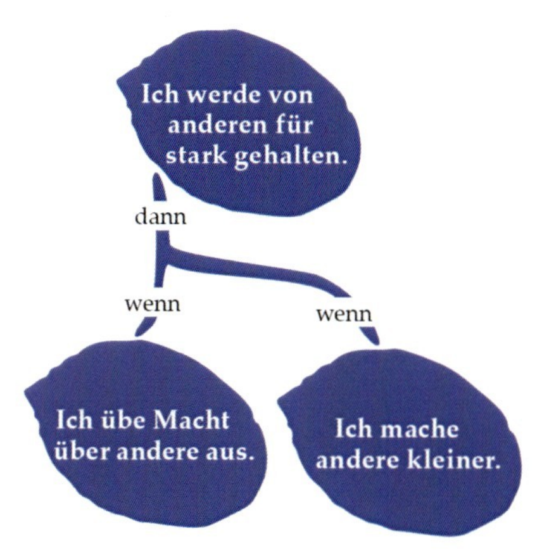

Logikkette:
Wenn ich andere klein mache und über sie Macht ausübe, dann werde ich für stark gehalten.

Denn nicht nur diejenigen, die mein Verhalten spüren mussten, fühlten sich klein, sondern auch die, die mich dabei beobachtet haben oder denen ich davon erzählt habe, nehmen meine Stärke wahr und denken sich vielleicht sogar „Der Person will ich aber nicht ins Gehege kommen" oder „Zum Glück war ich nicht an Stelle der beschimpften Person" oder „Ich darf meinem Chef keinen Anlass geben, dass der mit mir auch so umspringt" oder ähnliches.
Es sind nicht nur die AnführerInnen in Jugendgangs und die Mafiabosse, die wegen ihres harten Verhaltens von ihren „Untergebenen" angehimmelt werden.
Die unbarmherzigen Chefs haben ihre AnhängerInnen, die vor ihnen buckeln; Strafen ziehen in allen möglichen Erziehungseinrichtungen und sind akzeptiertes Erziehungsmittel.
Viele Menschen mit geringem Selbstwertgefühl sehen mit Neid auf andere, die ihr Ding ohne Rücksicht auf andere Menschen durchziehen.
Es gilt vielerorts das Recht des Stärkeren. Wenn auch diese Menschen für ihr Verhalten nicht unbedingt geliebt werden, so bekommen sie doch viel Bewunderung oder wenigstens Anerkennung und Achtung dafür.
Das ist einfach so. Es ist menschlich und völlig normal.

Alle Menschen handeln grundsätzlich aus der positiven Motivation heraus, ihr Selbstbild zu verbessern.

Logikkette:
Wenn ich dann von anderen für stark gehalten werde, dann halte ich mich auch selbst für stark.

Du erinnerst dich an das Kapitel 13, in dem ich dir die Bedeutung unseres Selbstbildes im Zusammenhang mit dem Idealbild beschrieben habe. Ich habe dir das anhand des Spiegels verdeutlicht, der vor dir hergetragen wird.
Wenn du dich mit deinem Verhalten auf dem blauen, linken Ast des Paradiesbaumes bewegst und in deinem Spiegel wahrnimmst, dass du von anderen Menschen aufgrund dieses Verhaltens angehimmelt und bewundert wirst oder dass sie vor dir ducken und vor Angst zittern, dann siehst du dich in deinem Spiegel als den starken Menschen, der du ja sein willst. Dadurch verändert sich auch deine Selbstwahrnehmung, dein Selbstbild, und du hältst dich selbst für stark.
Ich bin mir sicher, dass vielen brutalen Menschen nicht klar ist, dass sie aus einem Gefühl der Schwäche heraus so handeln. Und auch dir ist in dem Moment, in dem du über andere schimpfst, nicht bewusst, dass du es gerade aus der vorherigen Grenzerfahrung, aus dem Dich-klein-Fühlen heraus getan hast.
Aber du fühlst dich sofort erleichtert und besser und stärker, wenn du jemanden runter geputzt hast. Dein Selbstbild hat sich dadurch verändert und du bist stärker geworden.

Das Erkennen von Zusammenhängen ist die Voraussetzung für ein bewusstes Leben.

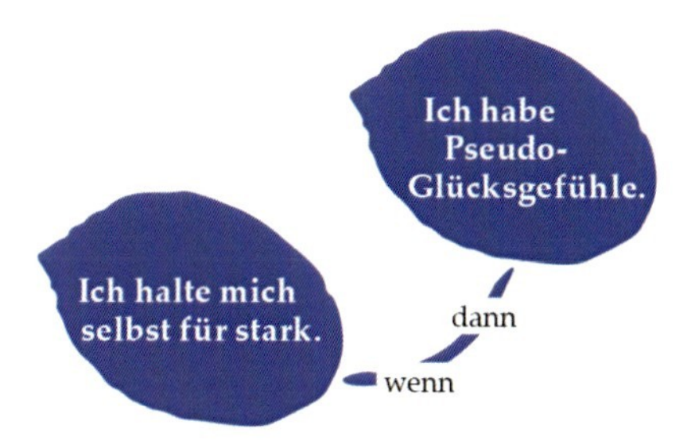

Logikkette:
Wenn du dich für stark hältst, dann hast du Pseudo-Glücksgefühle.

Ich nenne sie Pseudo-Glücksgefühle, weil sie schnell wieder vergehen und weil du sie nur auf dem Rücken anderer Menschen, also entgegen deiner Werte, erleben konntest.

Ich hatte eine Frau in Beratung, die mir berichtete, dass sie sich von ihren Kolleginnen nicht wertgeschätzt und sogar verachtet und gemobbt fühlte. Ich habe ihr die Zusammenhänge mit dem Paradiesbaum verdeutlicht. Zum einen konnte es ihre eigene negative Wahrnehmung sein. Zum anderen hätten ihre Kolleginnen es vielleicht aber auch aus irgendeinem Grunde gerade nötig, sich über sie zu erheben und sich damit selbst zu stärken.
Beim nächsten Termin berichtete sie dann Folgendes: „Ich habe denen jetzt mal so richtig meine Meinung gesagt und sie ordentlich zusammen gestaucht! Die werden es nicht wagen, mit mir nochmal so umzugehen!" Der Frau war ihre Erleichterung anzumerken. Sie fühlte sich plötzlich stark und es ging ihr gut. Aber ihr Verhalten war das auf dem linken, blauen Ast: Sie hat die anderen runter geputzt und sich selbst damit gestärkt.

Je nachdem wie häufig sich Menschen auf dem blauen Ast des Paradiesbaumes aufhalten, fühlen sie sich durchaus wohl und stark. Da sie den Baum und die logischen Zusammenhänge nicht kennen, würden sie sich niemals als Menschen mit geringem Selbstwertgefühl einschätzen. Es ist ihnen ja nicht bewusst, dass sie sich deshalb auf Kosten anderer stärken müssen und sich auch deshalb so verhalten.

Wie ist es mit dir?
Entspricht es deinen Werten und deinem Idealbild, wenn du dich auf Kosten anderer stärkst?
Willst du das?
Willst du so sein?

Meine These ist es, dass du auf diese Fragen mit Nein antwortest. Ich glaube nicht, dass es deinem Idealbild entspricht, wenn du dich auf Kosten und auf dem Rücken anderer Menschen stärkst. Aber nur, wenn du diese Zusammenhänge verstehst, kannst du wirklich bewusst entscheiden, wie du dich fühlen, wie du dich verhalten und wie du leben willst. Nur wenn du den Paradiesbaum verinnerlicht und dich für dein glückliches Leben entschieden hast, kannst du dein Leben auch bewusst auf dein Ziel, auf dein Paradies hin gestalten. Doch für diese umfassende Entscheidungsmöglichkeit fehlt nun noch die Erklärung des grünen, mittleren Astes.

Afformation:
Warum merke ich, wenn ich mich auf dem blauen Ast befinde?

Wenn du dich auf Kosten anderer Menschen stärkst, dann Du entsprichst nicht deinem Idealbild.

14.d. Der grüne, mittlere Ast

Und damit komme ich zu der dritten Möglichkeit mit geringem Selbstwertgefühl bzw. mit dem daraus resultierenden negativen Selbstbild umzugehen:
Du kannst dich zum Nutzen aller Menschen stärken, damit meine ich deinen eigenen Nutzen und den aller anderen Menschen.

Logikkette:
Wenn ich ein negatives Selbstbild habe und lieber ein positives Bild von mir haben möchte, dann kann ich mich zum Wohle aller Menschen stärken.

Wie schon auf dem roten Ast habe ich auch auf dem grünen Ast grob drei Möglichkeiten mich selbst zum Wohle und zum Nutzen aller zu stärken, also zum Wohle und Nutzen anderer Menschen und auch zu meinem eigenen.

Die erste Kategorie ist:

Ich leiste etwas, auf das ich stolz sein kann:

Logikkette:
Wenn ich mich zum Wohle anderer stärken möchte, dann kann ich etwas leisten, auf das ich stolz sein kann.

Ich weiß, dass Leistung bei manchen Menschen sehr negativ besetzt ist, obwohl auch diese Menschen selbst immer wieder etwas und oft auch sehr viel leisten. Leistung ist für sie mit Druck verbunden oder auch mit einer Erwartungshaltung anderer an sich selbst.
Das meine ich aber nicht mit dem Satz „Ich leiste etwas, auf das ich stolz sein kann". Ich meine das konkrete Tun, bei dem wir nachher ein Ergebnis haben. Dazu gehören die simplen Sachen zuhause wie Essen kochen, Fenster putzen, Wäsche bügeln etc.
Letztens berichtete eine Frau vom „Frustputzen": Wenn es ihr nicht gut geht, putzt sie das Haus und dann fühlt sie sich besser. Genau das meine ich!

Ich kann auch auf der Arbeit etwas leisten: *Meine normalen Tagesaufgaben im Job, aber auch noch etwas darüber hinaus. Oder ich kann die alltäglichen Sachen besonders gut machen.*

In sehr vielen Hobbys wird etwas geleistet: *Nähen und andere Handarbeiten, Modellbauten, Kunst; aber auch im Sport und beim Musizieren wird Leistung erbracht. Denke nur mal an die vielen MarathonläuferInnen.*

Ich kann hilfsbereit und für andere Menschen da sein und dadurch etwas tun = leisten; im nahen Umfeld (Nachbarschaft, Freundeskreis, Familie), aber auch in klar definiertem ehrenamtlichen Engagement (Vereinen, Organisationen, Politik).
Vor kurzem hatte ich mal einen Mann in der Beratung, der mir berichtete, dass er nun schon das zweite Haus entkernt und restauriert. Eine erhebliche Leistung, auf die er echt stolz sein kann!

Diese Tätigkeiten sind total befriedigend, einfach nur deshalb, weil du etwas tust. Wenn du die Erfahrung machst, dass du etwas tust, das zu einem positiven Ergebnis führt, dann nimmst du dein

persönliches Können wahr, hast ein positives Selbstbild und damit ein gutes Selbstwertgefühl.
Doch dazu gleich mehr.

Ich suche die Wertschätzung anderer:

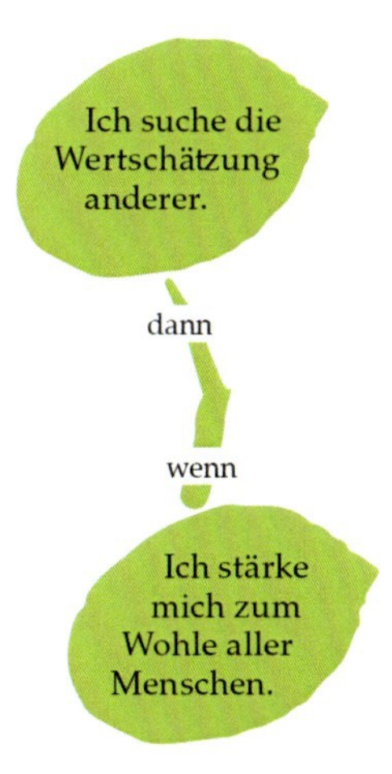

Logikkette:
Wenn du dich zum Nutzen aller stärken willst, dann kannst du das auch tun, indem du versuchst, von anderen Anerkennung zu bekommen.

Dazu muss dein Tun/deine Leistung von anderen aber auch wahrgenommen werden. Vielleicht stöhnst du deutlich und laut, wenn du in Gegenwart anderer etwas schleppst oder etwas Anstrengendes machst. Vielleicht erzählst du auch ausführlich, was du wieder alles getan, geleistet und erlebt hast. Dann tut es gut und stärkt, wenn vom Gegenüber Bewunderung, Anerkennung und Wertschätzung kommen.
Auch hierzu zählt die Leistung, die ich eben beschrieben habe, aber es gibt dabei die Unterscheidung in das, was du tust, weil es dir Befriedigung gibt, Stolz und ein gutes Gefühl, weil du das getan hast. Auf der anderen Seite das Echo anderer Menschen auf dein Tun. Das sind wieder einmal zwei Seiten einer Medaille. Das Ergebnis ist vielleicht unterschiedlich stark in der Gewichtung des Gefühls nachher. Wenn nämlich die gewünschte und erhoffte Anerkennung der Anderen ausbleibt und du nicht das gute Gefühl deiner eigenen Leistung spüren kannst, könnte es dich wieder herunter ziehen.
Intrinsisch nennt man das Erste, nämlich wenn du aus einer inneren Motivation heraus handelst, und extrinsisch nennt man das Zweite, wenn du nur deshalb etwas leistest, weil man das von dir erwartet und du diesen Erwartungen entsprechen und die Anerkennung anderer haben willst.
Das Ergebnis ist aber in beiden Fällen ein positiveres Selbstbild.

Anerkennung von anderen kannst du auch bekommen, indem du positive Erlebnisse suchst. Damit meine ich, dass du Sachen tust, die du gut kannst, von denen du weißt, dass es dir dadurch gut geht und bei denen du auch noch die Anerkennung anderer spürst oder sie sogar deutlich mitgeteilt bekommst.

In meinem Fall ist es unter anderem das Halten von Vorträgen. Ich tue dies gerne und spüre ja auch wie es beim Publikum ankommt. Für mich ist das eindeutig ein positives Ereignis. Selbst wenn ich an dem Abend keine Lust habe, nochmal loszufahren, um den verabredeten Vortrag zu

halten, weiß ich, dass es mir danach gut gehen wird. Und ich tue es natürlich trotz der eben noch verspürten Lustlosigkeit.
Auch meine Straußwirtschaft[20] *und mein Weinstand auf dem Oberharzer Bergbauernmarkt sind für mich solche positiven Erlebnisse. Ich biete meinen Gästen den Rahmen und sorge dafür, dass sie es sich gut gehen lassen können. Die Wahrnehmung, dass es dann so ist, macht mich glücklich und stärkt noch dazu mein Selbstwertgefühl.*

Zu den positiven Erlebnissen gehört auch in vielen Fällen die Mitgliedschaft in Vereinen und anderen Gruppen, *wie Familienkreise, Osterfeuergemeinschaften und ähnliche.* Das Gefühl der Zugehörigkeit ist auch ein Gefühl von Wertschätzung, wenn ich in dieser Gemeinschaft so sein darf, wie ich bin und mich angenommen und akzeptiert fühle.

Ebenso gehört positive Kommunikation zu den positiven Erlebnissen. Ein tiefsinniges Gespräch mit einer Freundin oder dem Partner tut gut. Ich fühle mich verstanden, ich verstehe mein Gegenüber und entspreche so mehr meinem Idealbild. Und dadurch wandeln sich negative Gefühle und das negative Selbstbild ins Positive um.

Zu Beginn habe ich schon von dem Paar erzählt, das bei mir in der Beratung war. Der Mann war sehr eifersüchtig auf seine Freundin, weil diese immer so locker flockig mit fremden Menschen ins Gespräch kam. Sie suchte besonders dann das Gespräch mit Fremden, wenn es ihr nicht so besonders gut ging. Instinktiv hat sie erkannt, dass sie durch positive Kontakte ihr Selbstbild verbessern konnte.

---

[20] „Wo´s Sträußche hängt, werd ausgeschänkt!" heißt es in meiner alten Heimat im Rheingau. Die Straußwirtschaft hat nichts mit dem Vogel Strauß zu tun, sondern ist der Ausschank der Winzer, die zu ihrem Wein nur kleine Speisen anbieten dürfen. Ich bin keine Winzerin, kann meine Gaststätte aber trotzdem so nennen, weil es in Niedersachsen keine gesetzliche Verordnung für Straußwirtschaften gibt.

Ich bin mir übrigens auch sicher, dass bei TierhalterInnen der Faktor Anerkennung oder auch Liebe und Zuneigung eine große Rolle spielt. Wenn es auch vielen sicherlich wieder nicht bewusst ist.
Ein Hund, der auf sein Frauchen/Herrchen achtet und dankbar mit dem Schwanz wedelt, die Katze, die schnurrend um die Beine streicht, das Pferd, das schnaubt und den Kopf an der Halterin reibt – dies alles sind Zeichen von Wertschätzung, die wiederum die TierhalterInnen aufbauen und stärken. So ist auch zu erklären, dass Tiere in Altenheimen und Kindergärten positive Wirkungen haben.

Der dritte Aspekt des Sich-zum-Nutzen-aller-Stärkens ist es, sich selbst Gutes zu tun. Das klingt vordergründig nicht danach, dass das einen Nutzen für andere hat und ich habe noch gut den Vorwurf meiner Mutter im Ohr, dass ich nicht so egoistisch sein soll. Aber:
Wie gehst du mit anderen Menschen um, wenn es dir gut geht? Und wie gehst du mit ihnen um, wenn du schlecht gelaunt bist? Bei letzterem musst du dich schon sehr gut im Griff haben, damit sie es nicht abbekommen.
Als Mutter von vier Söhnen war ich leider oft in der Situation, dass es mir nicht gut ging, weil der Stress und die Anforderungen einfach zu hoch waren. Und natürlich haben es die Kinder abbekommen, indem ich mit ihnen geschimpft habe und ungeduldig war.
Es hat sehr lange gedauert, bis ich erst verstanden und dann auch dafür gesorgt habe, dass es zuerst mir gut gehen muss, damit ich dann auch gut für meine Lieben sorgen kann. Also:

Ich sorge für mein Wohlergehen:

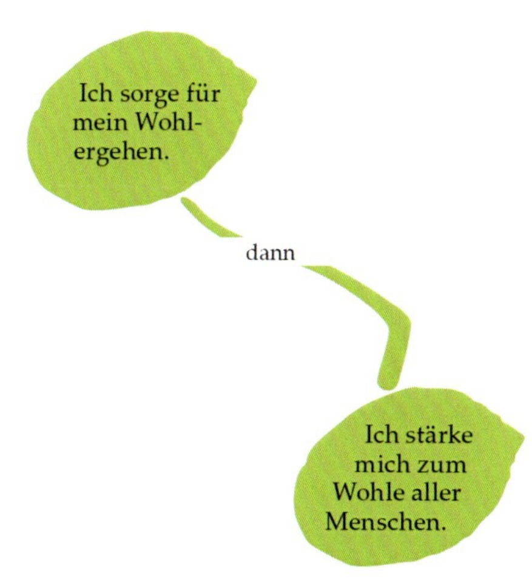

Logikkette:
Wenn du dich zum Wohle aller stärken willst, dann sorge gut für dein eigenes Wohlergehen.

Auch hier muss ich wiederholen, was ich zuvor geschrieben habe: Du kannst nämlich für dein Wohlergehen sorgen, indem du positive Erlebnisse suchst, wie das erwähnte Vortrag-Halten, indem du dich beim Sport verausgabst, indem du einen schönen Kinofilm schaust, ins Theater gehst oder ein Buch liest.
Und du kannst für dein Wohlergehen sorgen, indem du positive Kontakte suchst, also dich mit netten Menschen triffst.
Beides kam auch schon in der Rubrik „Anerkennung suchen" vor, diesmal ist es aber intrinsisch motiviert, weil es dir um dein gutes Gefühl geht und nicht in erster Linie um die Anerkennung deines Gegenübers.
Wenn du für dein Wohlergehen sorgen möchtest, kannst du das auch tun, indem du dir selbst Gutes tust. Das können zum Beispiel genug Pausen sein oder ein Mittagsschläfchen, das zur Gewohnheit wird. Das kann gesunde Ernährung sein oder auch das Stück Torte, auf das du gerade Lust hast.
Du kannst für dein Wohlergehen sorgen, indem du auf deine Gedanken und deine Wahrnehmung achtest: Nimmst du all das Positive in deinem Leben wahr? Siehst du deine Erfolge und deine Leistungen? Siehst du, welch ein toller Mensch du bist und wie gut du dein Leben meisterst?

Gerade vor kurzem hatte ich wiedermal ein Erlebnis mit meinem Mann, der ein Meister der positiven Wahrnehmung ist: Wir hatten zuhause ein Partyzelt gesucht und einfach nicht mehr gefunden und dachten schon, wir müssten es nachkaufen. Es war unfassbar, dass so ein riesiges Zelt verschwinden konnte. Dazu kam ein kaputtes Gerät, welches wir schon einmal umgetauscht hatten. Beim zweiten Umtauschversuch machte der Händler Schwierigkeiten. Natürlich ärgern wir uns über so etwas. Wir stießen ja an Grenzen, mit denen wir nicht rechneten. Beide Fälle gingen aber gut aus: Wir fanden das verloren geglaubte Zelt auf dem sonst nicht genutzten Spitzboden wieder und bekamen ein zweites Mal ein Ersatzgerät. Die Reaktion meines Mannes war nicht nur Erleichterung, sondern die Aussage, dass wir das feiern und darauf einen Sekt trinken müssen, weil uns das so viel Geld und Mühe gespart hat. Wunderbar, dieses positive Wahrnehmen, anstatt – wie es viele andere tun – an den vorherigen negativen Gedanken und Gefühlen festzuhalten und sich weiter zu ärgern. So nach dem Motto: „Das hättest du dir doch merken können, wo du das Zelt hingetan hast." „Wie kann man nur so doof sein!" und ähnliches.

Auch du hast die Freiheit, die negativen Erlebnisse als Herausforderungen zu sehen und die positiven feiern zu können. Oder eben auch nicht. Du kannst mit dem neuen Wissen dieses Paradiesbaumes die Weichen für dein glückliches Leben stellen, wenn du es willst.

Vielleicht hast du schon von dem Gesetz der Anziehung gehört. Du bestimmst, was du denkst, und bestimmst damit auch, was du fühlst. Mit deinen Gedanken und mit deinen Gefühlen ziehst du mehr davon in dein Leben. Deshalb achte auf das Positive in deinem Leben!

Hilfreich ist es auch, in sich selbst zu investieren. Dazu gehört natürlich auch das Geld-Ausgeben und Shoppen als Befriedigung bei schlechter Laune. Warum auch nicht? Aber es kann auch ein teures Restaurant oder Hotel sein oder eine Weiterbildung oder ein Coaching. Alles, was dir wirklich hilft, dass es dir gut geht und du dich wohl fühlst, stärkt dich.
Ein teures Restaurant oder Hotel ist auch deshalb wohltuend, weil du dort in aller Regel wie ein besonderer Mensch behandelt wirst. Dort zählst du etwas und wirst einfach nur, weil du da bist, von den Mitarbeiterinnen geschätzt und zuvorkommend behandelt. Du siehst, auch das ist eine gute Möglichkeit, sich zu stärken.

Aber das Wichtigste bei allen drei Kategorien auf dem grünen Ast ist, dass du auf deine Grenzen achtest!

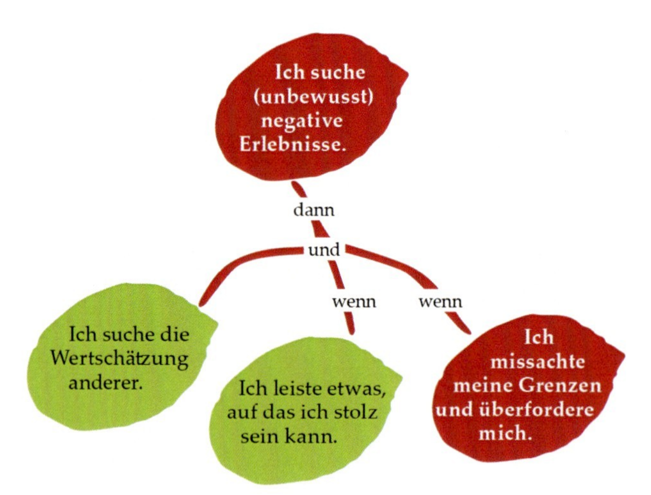

Logikkette:
Wenn du nämlich zu viel leistest, ständig die Wertschätzung anderer suchst und dich dabei überforderst, also nicht auf deine Grenzen achtest, dann turnst du wieder auf dem roten Ast rechts und hast wieder unbewusst für das negative Erlebnis gesorgt, dass es zu viel ist, dass du nicht alles schaffst und dass du krank wirst – ggfs. bis hin zum Burnout.

Deine Grenzen sind der Maßstab für all das, mit dem du dich stärken kannst und willst.

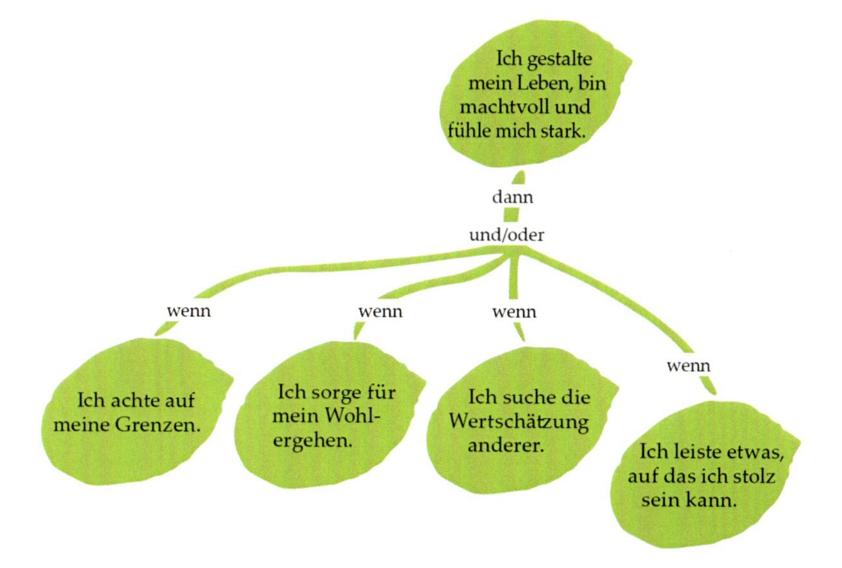

Zusammenfassung der Logikketten:
Wenn du also etwas leistest, auf das du stolz sein kannst, wenn du dir die Wertschätzung anderer suchst, wenn du für dein Wohlergehen sorgst und bei all dem auf deine Grenzen achtest, dann gestaltest du dein Leben selbst, bist machtvoll und fühlst dich stark.

Denn du tust nicht nur etwas, sondern vermutlich viel, und es geht dir gut dabei. Und du nimmst dein persönliches Können immer wieder aufs Neue wahr.[21]

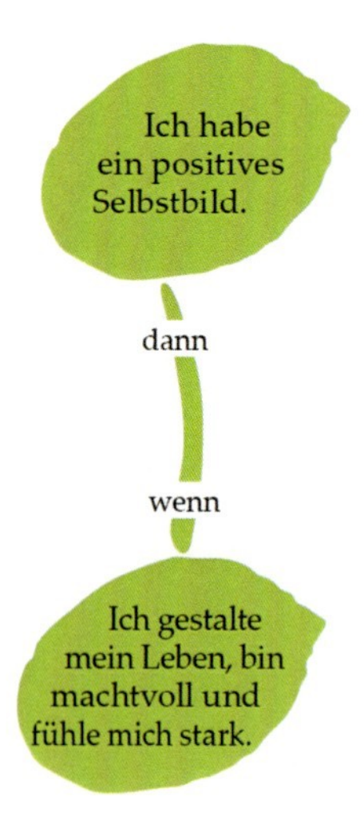

Logikkette:
Wenn du dein Leben gestaltest, machtvoll bist und dich stark fühlst, dann hast du ein sehr positives Selbstbild.

[21] Das Selbstwertgefühl ist ja die Wahrnehmung des persönlichen Könnens.

Logikkette:
Wenn du ein positives Selbstbild hast, dann bist du glücklich.

Diesmal sind es keine Pseudo-Glücksgefühle, denn wenn du dich auf dem mittleren, dem grünen Ast bewegst, dann lebst du nach deinen Werten. Dann fühlst du dich stark und du siehst dich positiv, weil du so bist, wie du sein möchtest. Du entsprichst deinem Idealbild. Und nur so kannst du wirklich glücklich sein!

Es sei denn, du bist gerade mal wieder an eine Grenze gestoßen und hast dich von ihr wieder runter ziehen lassen.
Nun kennst du aber die Möglichkeiten, die du hast, und du weißt, welches Verhalten dich wohin führen wird.
Damit habe ich dir die Klarheit zur Entscheidung für dein glückliches Leben geschenkt. Du bist nicht mehr deinem erlernten Verhalten ausgeliefert, sondern kannst nun wählen. Ich finde das super!

Vermutlich hast du schon beim Lesen entdeckt, dass du – wie alle anderen Menschen auch – am Tag sehr oft von einem Ast zum anderen turnst.
All die beschriebenen Verhaltensweisen sind völlig normal. Auch ich bin immer wieder rechts oder links zu finden, obwohl ich doch am liebsten nur in der Mitte wäre.
Es geht gar nicht anders, weil wir an so viele Grenzen stoßen und weil uns unsere Bedürfnisse oft erst im Nachhinein klar werden.

Idee:
Nimm dir nun am besten nochmal den ganzen Paradiesbaum zur Hand und gehe ihn von unten nach oben, Blatt für Blatt, Aussage für Aussage durch.
Erinnerst du dich an die vielen Beispiele, die ich dir genannt habe?
Hänge Dir den Paradiesbaum in der Wohnung auf[22] und präge ihn dir ein, damit du ihn dir immer wieder bewusst machen kannst. Vor allem in Situationen, in denen du dich unwohl fühlst. Dann denke darüber

---

[22] Über die Webseite www.paradiesbaum.de kannst Du ihn als Poster in zwei verschiedenen Größen beziehen.

nach, auf welchem Ast du gerade turnst, gleiche das mit deinem Ziel ab und entscheide dich für ein Verhalten, das dich deinem Ziel näher bringt!

Ich habe dir den Paradiesbaum sehr ausführlich beschrieben und doch längst nicht alle Situationen und Verhaltensweisen als Beispiele nennen können. Einige Ergänzungen zu den beschriebenen Situationen und Verhaltensweisen findest du im nächsten Kapitel.

Idee:
Ist dir etwas aufgefallen, was ich vergessen habe? Ich freue mich, wenn du mir deine Beispiele mitteilst. Vermutlich kannst du sie nun selbst in den Baum einarbeiten, das heißt selbst zuordnen, zu welchem Ast sie gehören. Wenn nicht, helfe ich dir gerne weiter. Schreibe mir dazu eine Mail.[23] Ich bin mir sicher, dass sich so ziemlich jedes menschliche Verhalten und auch die Gefühle, in diesen drei Ästen wiederfinden.

Afformationen:
Warum entscheide ich mich für den grünen Ast?
Warum will ich glücklich sein?
Warum lebe ich glücklich?
Warum erfreuen sich andere Menschen an mir?
Warum habe ich eine positive Ausstrahlung?

---

[23] www.paradiesbaum.de/kontakt

15. Ein Gedicht als Zusammenfassung

An dieser Stelle möchte ich dir ein Gedicht schenken, das meine Omi extra für mich gedichtet, in mein Poesiealbum geschrieben und dazu gemalt hat:

Glücklichsein kann man
nicht kaufen;
das allein ist schon ein Glück,
denn dein Springen, Tanzen, Laufen
ist ja auch ein Glück im Glück!

Freue dich an schönen Dingen,
schnupp're süßen Blütenduft,
freue dich am Lieder singen –
atme tief in reiner Luft.

Steht ein Kind am Wegesrand,
das nicht springen kann wie du,
nimm es freundlich bei der Hand
und sprich ihm Hoffnung zu.

Manchem scheint die Welt recht grau
und er fühlt sich oft allein,
schenkst du ihm ein liebes Wort,
wischst du ihm viel Graues fort!

Und so wirst du glücklich sein!

Der lieben Christiane
von ihrer
Omi

Wiesbaden, den 20.11.73.

Falls du ihre Schrift nicht lesen kannst, habe ich dir auf der nächsten Seite das Gedicht nochmal abgeschrieben:

Glücklich sein kann man nicht kaufen!
Das allein ist schon ein Glück,
Denn dein Singen, Springen, Laufen
ist ja auch vom Glück ein Stück.

Freue dich an schönen Dingen,
schnuppere süßen Blütenduft,
freue dich am Lieder singen –
atme tief in reiner Luft.

Steht ein Kind am Wegesrand,
das nicht springen kann wie du,
nimm es freundlich bei der Hand
und sprich ihm Hoffnung zu.

Manchem scheint die Welt recht grau
und er fühlt sich oft allein,
Schenkst du ihm ein liebes Wort,
wischst du ihm viel Graues fort!

Und so wirst du glücklich sein!

Ich bin immer wieder berührt, wie gut meine Omi das getroffen hat, was ich dir eben mit dem Paradiesbaum erklärt habe. Alle drei Aspekte des grünen Astes, der zum Glücklich-Sein führt, hat sie in dem Gedicht benannt: Die positive Wahrnehmung, das Helfen und die Sorge für das eigene Wohlergehen. Ich kann deshalb ihre Botschaft mit dem von mir erarbeiteten Paradiesbaum als richtig einordnen.

Stärkst du dich auch zum Wohle aller Menschen, dann hast du ein positives Selbstbild und dann wirst du glücklich sein!

16. Ergänzungen zum Paradiesbaum

Vielleicht bist du sehr gründlich und genau und hast ein paar „Fehler" in dem ausführlichen Baum festgestellt? Ja, ich habe auch den ausführlichen Logikbaum noch vereinfacht, indem ich ein paar Querverbindungen, Teufelskreise und Glückskreise weggelassen habe. Der Grund liegt hier natürlich in der Übersichtlichkeit. Der Paradiesbaum wäre mit noch mehr Blättern und noch mehr Pfeilen, die hin und her führen, zu verwirrend geworden.
Auf einige Auslassungen möchte ich in diesem Kapitel noch eingehen.

Querverbindung 1: Selbstglauben
Zum Beispiel ist mir sehr bewusst, dass der Versuch, sich im negativen Selbstbild zu bestätigen, auch eine Art von Stärkung ist. Ich habe das mit dem „Ich möchte mir selbst glauben" durchaus bewusst positiv formuliert.
Aber führt dich dies zu einem glücklichen Leben, zu deinem Paradies? Nein! Dir geht es damit nach wie vor mies und nicht besser.
Also lass es besser bleiben, auf dem rechten, roten Ast herumzuturnen.

> **Logikkette:**
> Wenn ich mir selbst glauben kann, dass ich wirklich so klein, schlecht, dumm, unfähig …. bin, dann ist das eine Form von Sich-selbst-Stärken.

Querverbindung 2: Jammern
Ein anderes Beispiel für eine Auslassung zur Vereinfachung ist der Aspekt, dass Jammern zum Verbessern des negativen Selbstbildes führen kann, auch wenn es nicht direkt ersichtlich ist.

Logikkette:
Wenn ich jammere, dann kann es sein, dass ich von anderen getröstet werde und dass ich Anerkennung, Wertschätzung und Liebe bekomme.

Dafür sind kranke Kinder ein gutes Beispiel. Sie werden getröstet und umsorgt und schon ist die Verletzung oder die Krankheit weniger schlimm.

Auch viele von uns Erwachsenen nutzen das Jammern darüber, wie schlecht es ihnen geht, um diese Zuwendung zu bekommen, und manchmal bekommen sie sie dann auch. Aber meine Erfahrung ist, dass sie in den meisten Fällen schon so mit dem negativen Ast verwachsen sind, dass sie sich durch Trost und Anerkennung nicht mehr stärken und zum positiven Denken und Fühlen führen lassen. Das finde ich schade!
Und genau deshalb halte ich das Wissen um den Paradiesbaum für so wichtig. Wenn die jammernden Erwachsenen die Zusammenhänge verstanden und für sich entschieden haben, dass sie nicht mehr auf dem rechten, roten Ast sein wollen, dann könnten sie sich leichter öffnen. Dann könnten sie Trost, Zuwendung und Wertschätzung zulassen und annehmen und sich so auf den grünen Ast führen lassen.

Querverbindung 3: Witze
Eine weitere Verhaltensweise, die ich in dem Kapitel zum ausführlichen Paradiesbaum nicht beschrieben habe, ist das Witze-Reißen. Das ist nämlich etwas komplexer und lässt sich ohne die Kenntnis der konkreten Situation nicht so leicht einordnen. Ich sehe da mehrere Möglichkeiten:
Es gibt Menschen, die Situationen schnell erfassen können. Wenn sie dann noch Humor haben, können sie sie verbal witzig zu Anderen oder Anderem in Beziehung setzen. Ein Bekannter von mir setzt diese Art von Witzen ganz bewusst ein, um langweilige

oder unangenehme Situationen aufzulockern. In dem Fall bewegt er sich mit seinen Witzen auf dem grünen, mittleren Ast. Er sorgt dafür, dass die anderen lachen und die Stimmung für alle Beteiligten angenehmer wird.
Auch viele Menschen, die einfach nur überlieferte Witze erzählen, tun das, um positive, angenehme Reaktionen der Zuhörenden zu erlangen. Lachen, Freude, gute Stimmung gehören ganz klar zum grünen, mittleren Ast.
Aber leider verkennen diese Menschen manchmal die Situation, die Stimmung oder die Bereitschaft ihrer GesprächspartnerInnen. Dann wird nicht gelacht oder sie bekommen sogar ablehnende Reaktionen. Damit landen die Witze-ErzählerInnen vermutlich auf dem rechten, roten Ast. Ihr Bemühen, durch das Lachen der Zuhörenden die Stimmung aufzuhellen und positives Feedback zu spüren, ist gescheitert, und sie sind an eine Grenze gestoßen. Mit dieser haben sie weder gerechnet, noch war sie gewollt und schon sind sie auf den roten Ast geturnt.
Eine weitere Möglichkeit des Witzig-Seins ist Ironie. So mancher stellt sich mit ironischen Bemerkungen, die vielleicht noch nicht einmal von allen Zuhörenden verstanden werden, über die Person, der die ironische Bemerkung gilt.
Und wieder andere verstecken ihre Meinung hinter Bemerkungen, die sie je nach Reaktion des Gegenübers als „War doch nur ein Witz“ oder „Das meinte ich ernst“ abtun. Beide zuletzt beschriebenen Arten von Witzen sind auf dem linken, blauen Ast einzuordnen.
Die korrekte Einordnung von Witzen hängt von der Situation, den Beteiligten, von Gestik und Mimik ab, also von der Art der Kommunikation.

Querverbindung 4: Besserwisser

Ich sprach beim blauen Ast schon von der Besserwisserei. Besserwisser befinden sich ganz klar links. Es gibt aber auch die abgeschwächten Formen. Mit diesem Buch tue ich dir meine

Erkenntnisse kund. Ich lehre dich etwas. Und natürlich tun wir auch das immer wieder, dass wir jemandem etwas mitteilen, das wir wissen und/oder für richtig halten. Auch hier hängt es – wie bei den Witzen – von der Art der Kommunikation und von der Intention ab. Wenn ich etwas erkläre bzw. lehre und mein Gegenüber als gleichberechtigt ansehe, dann befinde ich mich damit auf dem grünen, mittleren Ast. Ich tue etwas, was mir gut tut und der anderen nutzt. Sobald ich es aber in der belehrenden Form sage oder zeige, rutsche ich wie auch beim Besserwissen auf den blauen, linken Ast rüber.
Es ist also gar nicht so einfach, denn der Ton und die Intention machen die Musik[24]

Querverbindung 5: Lob, Bewunderung, Wertschätzung

Es gibt noch mehr Verhaltensweisen, die eng beieinander liegen und deshalb nicht so einfach einzuordnen sind. Mir sind da noch Lob, Bewunderung, Anerkennung, Wertschätzung und Neid eingefallen.
Einen Menschen zu loben, ist auch eine Eigenschaft, die wir von oben nach unten ausüben. Wir stärken zwar damit unser Gegenüber, aber wir tun es aus der höheren Position heraus, also vom linken, blauen Ast her.
Bewunderung ist die umgekehrte Eigenschaft. Wenn ich jemanden oder etwas bewundere, dann tue ich es aus der untergeordneten Rolle heraus. Ich schaue hinauf auf die oder das Bewundernswerte. Damit bin ich also rechts auf dem roten Ast. Die extreme Form der Bewunderung ist dann der Neid, der uns wirklich unschöne Gefühle gibt und der uns aus dem Ganz-klein-Fühlen sehr schnell in das Uns-stärken-Wollen rutschen lässt und zwar auf Kosten anderer Menschen, also links, blau.
Nach meinem Sprachgefühl gehören dagegen Anerkennung und Wertschätzung in die Mitte, also auf den grünen Ast, weil ich

[24] Siehe Kapitel 26 „Der Ton macht die Musik“

mich hier auf einer Ebene mit dem anderen Menschen befinde und uns beiden gleichzeitig diese Anerkennung und Wertschätzung gut tut.

Teufelskreis 1: Gewalt

Ein Mensch, der auf dem linken, blauen Ast versucht, sein negatives Selbstbild ins Positive zu verändern, indem er über andere Macht ausübt, dadurch aber noch mehr Ablehnung erfährt, kann in der Machtausübung unter Umständen noch gemeiner und brutaler werden.
D.h. durch die Ächtung der Anderen fühlt er sich noch elender. Das will er natürlich nicht und versucht sich durch noch mehr Gewalt noch besser zu stärken. Ein Teufelskreis, durch den er aber sicher nicht glücklicher wird. Logisch!

Teufelskreis 2: Negative Wahrnehmung

Andersherum gibt es das auch auf dem rechten roten Ast: Ein Mensch, der sich in seinem negativen Selbstbild bestätigt, indem er nur Negatives wahrnimmt und noch dazu negative Erlebnisse hat, verschlechtert sein Selbstbild natürlich noch weiter und dreht sich unter Umständen ewig weiter in diesem Teufelskreis. Meiner Ansicht nach ist es das, was Menschen in Depressionen treibt.

Der Glückskreis

Zum Glückskreis kann unser Verhalten aber dann werden, wenn wir feststellen, wie gut es uns geht, wenn wir uns überwiegend auf dem grünen, mittigen Ast bewegen. Es kann zu einer Art Sucht im positiven Sinne werden oder zum Hobby, wenn uns klar wird, wie einfach doch die Wege zum Glücklich-Sein sind und wir nur noch im Kopf haben, was wir tun können, um uns wohl zu fühlen und um ein positives Selbstbild zu bekommen, das mit unseren Werten übereinstimmt.
Möchtest du da nicht auch hinkommen?

Nochmal: Wichtig ist der Faktor der Übereinstimmung unseres Verhaltens mit unseren Werten, also der Übereinstimmung unseres Ideal- mit unserem Selbstbild.[25] Der pure Egoismus auf dem Rücken anderer Menschen wird uns nicht zum Glück und auch nicht in unser persönliches Paradies führen.
Ohne das Beachten unserer Grenzen rutschen wir auf den rechten, roten Ast und der führt uns auch nicht ins Paradies, wie du ja gesehen hast.

Afformation:
Warum lebe ich im Glückskreis?

17. Die Schlange war es nicht

Du hast nun den Paradiesbaum kennen gelernt. Hast du auch entdeckt, dass demnach gar nicht die Schlange der Grund für die Vertreibung aus dem Paradies war?
Du kennst ja die Geschichte von Eva und Adam und ihrer Vertreibung aus dem Paradies, in das hinein sie ursprünglich geboren/erschaffen wurden. Die biblische Beschreibung ist ein Idealzustand von Harmonie und Versorgung. Eva und Adam konnten tun und lassen, was sie wollten, bis auf die eine Grenze, die ihnen Gott – so die Erzählung – gesetzt hat. Der Baum der Erkenntnis war für sie verboten.
Obwohl Gott in der Erzählung die Menschen nach seinem Ebenbild erschaffen hat, hat er sich über sie gestellt und ihnen die Regeln diktiert, die sie im Paradies einzuhalten hatten, wenn sie nicht daraus vertrieben werden wollten.
Der Baum der Erkenntnis, das Wissen überhaupt und das Wissen um Zusammenhänge sollte den Menschen verwehrt bleiben. Mit

---

[25] Siehe Kapitel 13 „Werte, Idealbild, Selbstbild"

dem Ebenbild Gottes hat das dann eigentlich nichts mehr zu tun, oder?
Im Paradies fing es also schon an, dass Eva und Adam sich klein und machtlos fühlen mussten. Sie waren abhängig von dem allmächtigen Gott, von seinen Anweisungen und von seiner Gnade.
Du hast nun den Paradiesbaum kennengelernt. Dadurch siehst du, dass diese Erzählung genau das Schema widerspiegelt, das ich dir erläutert habe. Eva und Adam mussten sich an Gottes Gebote und Verbote anpassen und sich ihm und seinen Regeln unterwerfen. Das wollten sie nicht. Sie wollten genauso groß und selbstbestimmt sein wie Gott. Denn es ist das zutiefst menschliche Bedürfnis, sich machtvoll fühlen zu können. Nur deshalb konnte sie die Schlange verführen. Die Schlange hat im Grund nur das ausgesprochen, was die beiden sich eh schon dachten: „Wenn wir vom Baum der Erkenntnis kosten, dann werden wir stark und Gott wirklich gleich werden." Der Antrieb war das geringe Selbstwertgefühl, das zu dem negativen Selbstbild und dadurch zu der Motivation, das Verbot zu übertreten, führte. Ausgelöst wurde das durch die Hierarchie, die uns quasi in die Wiege, in unsere Entstehung gelegt wurde – wenn man der Bibel glauben mag.
Du siehst also, was ich dir hier erklärt habe, ist völlig normal und gilt im Grunde schon seit Urzeiten. All unser Verhalten und unsere Gefühle sind mit dem Paradiesbaum verständlich und nachvollziehbar.
Aber nachdem du es nun weißt, kannst und musst du dich immer wieder fragen, auf welchem Ast du gerade herumturnst und ob du so bist, wie du sein möchtest.
Du hast nun vom echten Baum der Erkenntnis gekostet und damit die Freiheit zur Entscheidung erhalten, die du hoffentlich zum Wohle aller Menschen triffst.

18. Die Transaktionsanalyse im Paradiesbaum

Kennst du die Transaktionsanalyse, die Eric Berne[26] Mitte des 20. Jahrhunderts entwickelt hat? Sie besagt unter anderem, dass wir auf drei verschiedenen Ebenen miteinander kommunizieren können. Es sind die Ebenen, die wir im Laufe unseres Lebens erlebt haben, angefangen nämlich mit der Kindheit, dann weiter als Erwachsene und auch als Elternteile. Selbst wenn du keine eigenen Kinder hast, kannst du als Elternteil kommunizieren. Als Kind haben wir erlebt, wie unsere Eltern und andere Bezugspersonen mit uns gesprochen haben. Kinder lernen erst einmal durch Nachahmung. Und so haben wir uns dieses Verhalten und diese Sprache angeeignet. Eltern trösten das Kind, wenn es weint, sie ermuntern es, wenn es mutlos ist, sie schimpfen mit ihm, wenn es Regeln übertreten hat und so weiter. Wenn wir also aktuell gerade solch ein Verhalten haben bzw. mit solcher Wortwahl und Gestik kommunizieren, befinden wir uns nach Eric Berne im Eltern-Ich. Du kannst das im Paradiesbaum auf dem linken, blauen Ast wiederfinden. Hier stellen wir uns – wie es auch die Rolle der Eltern gegenüber ihrem Kind ist – über den anderen Menschen und behandeln ihn von oben herab.
Im Kind-Ich jammern wir rum, trauen uns nichts, sind ängstlich und mutlos. Mit diesen Verhaltensweisen befinden wir uns auf dem rechten, roten Ast des Paradiesbaumes.
Und mit dem Erwachsenen-Ich nehmen wir uns selbst wahr, sind frei in unserem Verhalten, sorgen gut für uns und können uns dadurch auch anderen zuwenden - und bewegen uns auf dem grünen, mittleren Ast des Paradiesbaumes.

---

[26] https://www.transaktionsanalyse-online.de/transaktionsanalyse-einfach-erklaert/

Das heißt, das Modell von Eric Berne lässt sich im Großen und Ganzen durchaus auf den Paradiesbaum übertragen.
Bis auf den Punkt der kindlichen Freude und Begeisterung. Die würde ich im Paradiesbaum eher mittig ansiedeln als rechts, nämlich unter dem Stichwort „Positives Wahrnehmen“.

Afformationen:
Warum kommuniziere ich im Erwachsenen-Ich?
Warum werde ich verstanden?

19. Selbstliebe und Selbstbild

Kannst Du etwas lieben, das dir nicht gefällt? Das du nicht richtig findest? Das du gar verachtest?
Ich lese und höre immer wieder, dass wir uns selbst lieben sollen und müssen, um glücklich zu werden. Und ich denke, wo ist denn da die Logik? Du erinnerst dich sicherlich an das Kapitel 13 „Werte, Selbstbild und Idealbild“. Darin habe ich die Bedeutung unseres Selbstbildes im Zusammenhang mit unserem Idealbild aufgezeigt.
Wenn ich den Tipp zur Selbstliebe mitbekomme, frage ich mich immer, ob das wirklich so gemeint ist: Dass ich mich lieben soll, auch wenn ich gerade wieder arg fies zu meinen Mitmenschen war, wenn ich mit mir unzufrieden bin, wenn ich mich hässlich finde, wenn ich meine schlechte Laune an anderen auslasse, wenn ich alles schwarz sehe und andere dadurch mit runter ziehe, …
Und ich denke mir, dass das nicht sein kann. Das ist unlogisch.
Mit meinem Paradiesbaum habe ich dir erklärt, wie wir Menschen sind, warum wir uns immer wieder so verhalten, wie wir es tun. Ja, mit dieser Erklärung wird es vielleicht einfacher, mich selbst auch in solchen Situationen zu lieben.

Aber noch einfacher, klarer und logischer ist es, dass ich versuche so zu werden, wie ich sein will. Und dann ist die Selbstliebe ganz einfach. Dann entspreche ich meinem Idealbild. Dann gefällt mir, wie ich bin und was ich von mir wahrnehme. Und dann kann ich mich natürlich auch selbst lieben.
Ein Schritt dahin ist die positive Wahrnehmung dessen, was ich kann, bin und (geleistet) habe. Und vermutlich ist es mit der Selbstliebe auch dann nicht mehr so schwer, wenn ich sie schon mal hatte. Wenn ich mich mal lieben konnte und sie dann aber wieder verloren hatte, weil ich nicht mehr auf dem grünen, sondern auf den anderen Ästen rumgeturnt bin. In dem Moment, wo mir das klar wird und ich mich wieder für den grünen Ast entscheide, ist dann auch die Selbstliebe wieder leicht möglich.
Also entscheide du dich für dein glückliches Leben und für den logischen Weg zur Selbstliebe, indem du dein Selbstideal anstrebst.

Afformationen:
Warum entspreche ich meinem Idealbild?
Warum kann ich mich selbst lieben?

20. Ziele, Ergebnisse und freie Entscheidung

Du kennst nun den Paradiesbaum mit all seinen Facetten. Im nächsten Kapitel stelle ich dir auch noch die Paradiesbaum-Technik vor, mit der du bewusst dein Leben auf dein Glück hin gestalten kannst.
Ich habe immer wieder betont, wie wichtig dein Ziel ist, und ich habe dir Ergebnisse vorgestellt, die du durch dein Verhalten erreichst.

Das Ziel ist eine bewusste Entscheidung, die du triffst. Du weißt, was du erreichen und worauf du dein Handeln ausrichten möchtest.
Ein Ergebnis ist nach meinem Sprachgefühl verknüpft mit dem unbewussten Tun. Manchmal deckt sich das Ergebnis mit dem Ziel, wenn wir im Nachhinein darüber nachdenken, aber das ist dann Zufall.
Mein Anliegen ist es,
- dass du über dein Tun nachdenkst,
- dass du bewusste Entscheidungen treffen kannst und
- dass du dich nicht so viel von erlernten und ererbten Verhaltensmustern bestimmen lässt.

Mit dem Paradiesbaum habe ich dir die Zusammenhänge erklärt, damit du bewusst handeln kannst. Jetzt, wo du sie kennst, bist du deutlich verantwortlicher für dein Tun und Lassen als zuvor.
Überlege dir also gut, auf welchem Ast du herum turnen und welches Ziel du damit erreichen willst.

Ein Beispiel, das du in ähnlicher Art vielleicht auch von dir selbst kennst:
Dein Mann ist zum ersten Studientreffen nach langen Jahren gefahren. Es geht über zwei ganze Tage und wurde ohne PartnerInnen angesetzt. Klar, dass du dir für diese Zeit selbst etwas Schönes vorgenommen hast. Es ist aber auch klar, dass du neugierig bist, deinen Mann vermisst und gerne teilhaben möchtest an dem, was er erlebt. Dein Wunsch ist, dass er sich zwischendurch wenigstens eine Minute Zeit nimmt, dir per SMS oder Whats app einen Gruß und vielleicht auch ein Bild sendet. Ideal wäre aber ein etwas längeres Telefonat am Abend. Vielleicht hast du es auch so schon im Vorhinein kommuniziert, aber was du ihm in dieser Zeit auch schreibst und an Bildern schickst, von Deinem Mann kommt keine Reaktion. D.h. die Realität, dein Selbstbild stimmt nicht mit dem Idealbild, mit deinem Wunsch und deiner Erwartung überein. Das ist der Stamm des Paradiesbaumes.

Da du nun den Paradiesbaum kennst, hast du drei Möglichkeiten, mit der Situation umzugehen:
Dein erster Impuls ist der rote Ast. Solche Erlebnisse sind dir mit diesem Mann und auch aus früheren Beziehungen vertraut. Du fühlst dich klein und nicht genug geliebt. Du fühlst dich nicht wahrgenommen und mit deinen Bedürfnissen nicht gesehen. In dir kommen Gedanken hoch wie „Vielleicht hat er seine Jugendliebe wieder getroffen und da ist noch was.", „Wenn er mich wirklich lieben würde, wüsste er, wie sehr ich auf seinen Anruf warte." „Wie kann er mich einfach vergessen." Und ähnliches. Und du nimmst dir vor, es ihm mit gleicher Münze heimzuzahlen. Wenn er heim kommt, wirst du ihn ignorieren, wirst kühl und abweisend reagieren und ihm zeigen, wie sehr du verletzt bist.
Wie geht es dir mit diesen Gefühlen und Gedanken auf dem roten Ast? Gut? Nein! Aber sie sind dir vertraut. Es ist das alte Muster, die eingefahrene Bahn.

Es kann sein, dass du nach einiger Zeit vom roten Ast auf den blauen turnst. Nun hat sich dein Wunsch nach Stark-Fühlen durchgesetzt. Du wirst wütend auf ihn und dir kommen Gedanken in den Sinn wie: „Wie kann er nur so mit mir umgehen?", „Wer bin ich denn?", „Nein, das lasse ich mir nicht gefallen.", „Na, der wird was zu hören kriegen, wenn er heim kommt!" und ähnliches. Sobald er dann da ist, liest du ihm die Leviten. Das ist dir in dem Moment wichtiger, als zu hören, was er alles erlebt hat.
Aber geht es dir mit diesen Gedanken, Gefühlen und diesem Verhalten nachhaltig gut? Nein, es ist nur kurz ein befreiender Moment. Die Folge könnte ein Knacks in der Beziehung sein, der vermutlich länger braucht, bis er geheilt ist. Es ist der Pseudo-Glücksmoment, den ich als Ergebnis auf dem linken blauen Ast beschrieben habe.

Es kann auch sein, dass du beginnst, dir Sorgen zu machen. Dann kommen dir Gedanken in den Sinn wie „Hoffentlich ist ihm nichts passiert!", „Vielleicht kann er sich nicht melden, weil er einen Unfall hatte." und ähnliches. Auch mit diesen Gedanken und Gefühlen turnst

du auf dem linken blauen Ast. Sich sorgen ist nämlich eine typische Eigenschaft, die wir den Eltern zuschreiben[27]*. Mit dem Sorgen-Machen sind wir auch nicht auf der gleichen Ebene wie die andere Person, sondern wir stellen uns über sie. Sie könnte hilflos sein und ich könnte helfen.*
Geht es dir gut, wenn du dir Sorgen machst? Ja, es stärkt dich für den Moment und setzt Energie frei. Aber nachhaltig glücklich wirst du damit nicht, sondern bist auf der Kippe zum rechten roten Ast und der negativen Wahrnehmung.

Du kennst ja nun den Paradiesbaum und hast dich für dein glückliches Leben entschieden. Also bleibt Dir nur der grüne Ast, wenn du glücklich sein willst. Aber das erscheint dir in der Situation, in der dich deine negativen Gefühle so erdrücken, echt schwer zu sein.
Was kannst du tun? Wie kannst du dich verhalten? Wie kannst du für dein Wohlergehen sorgen?
Denke dir verschiedene Verbesserungsideen aus[28]! Fühle dich in sie ein und probiere aus, was dir am besten hilft. Ein paar Ideen möchte ich dir hier nennen:
- Schreibe dir deine Gedanken und Gefühle von der Seele, nimm sie mit dem Smartphone auf oder mache dazu ein Cluster[29].
- Lenke dich ab durch Lesen, Theater, Musik, Film schauen, Museum oder Rätseln.
- Bewege dich. Gehe spazieren, wandern, laufen, fahre Rad, geh aufs Trampolin oder Klettern.
- Gönne dir etwas Schönes. Gehe shoppen, setz dich ins Café, geh in die Eisdiele oder Konditorei.

---

[27] Du erinnerst dich an das Kapitel 18 zur Transaktionsanalyse
[28] Siehe Kapitel 21 zur Paradiesbaum-Technik und auch am Ende des Buches die Liste mit den Verbesserungsideen
[29] Siehe Kapitel 32 „Hilfreiche Methoden"

- Triff dich mit netten Menschen, Freundinnen. Besuche deine Eltern, Kinder oder andere Verwandte, die dich auf andere Gedanken bringen.
- Schreibe dir Afformationen auf[30], mit denen Du deine Gefühle und Gedanken umkehrst.
- Und vor allem habe dein Ziel vor Augen und die Wege, die du sicher nicht gehen möchtest.

Ich weiß: Es ist sehr schwer, die eingefahrenen Gedanken- und Gefühls-Autobahnen zu verlassen. Aber du wirst nur dann glücklich und paradiesisch leben können, wenn du es tust. Das ist doch ganz logisch.

Ich unterstütze Dich auch gerne, wenn du beschlossen hast, dein Leben auf dem grünen mittigen Ast zu verbringen und so richtig rundum glücklich und paradiesisch zu leben. Es gibt durchaus Möglichkeiten der Hilfe von der Turbo-Paradiesbaum-Beratung bis hin zum Zirkel für Frauen, die ihr Leben verbessern wollen. Schau mal auf der Webseite www.paradiesbaum.de, ob etwas Passendes für dich dabei ist.
Du schaffst es, wenn du es wirklich willst!
Die Schweinehündin vom roten Ast darf doch nicht siegen!

Und damit komme ich zur Paradiesbaum-Technik, die dir detailliert helfen wird, dein Leben zu verbessern.

Afformationen:
Warum entscheide ich mich für das Glück als mein Lebensziel?
Warum tue ich, was ich für richtig halte?

---

[30] Siehe Kapitel 25 „O statt I"

21. Die Paradiesbaum-Technik

Für meine Erkenntnisse, die ich dir in diesem Buch weitergegeben habe, spielt ja die Logik die Hauptrolle. Ohne das logische Denken hätte ich diese Zusammenhänge nicht erkennen und auch nicht so anschaulich aufbereiten können. Die Logik führte mich dann auch zu der Frage, was diese Erkenntnisse nun für die Verbesserung unseres Lebens bedeuten. Mit dieser Frage konnte ich dann die Paradiesbaum-Technik entdecken, die ich dir hier vorstellen möchte. Sie ist die Analyse des Prozesses, der uns zur Veränderung = Verbesserung führt. Wenn dir die vielen einzelnen kleinen Schritte klar sind, kannst du sie auch bewusst einsetzen, um dein Leben zum Glücklich-Sein hin lenken zu können.

Die Paradiesbaum-Technik ist ein Werkzeug für dein Denken, mit dem du nun auf dein Ziel, auf dein glückliches und paradiesisches Leben, zugehen kannst.
Es sind neun Aufgaben in einer klaren und logischen Reihenfolge, die dich weiterbringen werden.

1. Kenne dein großes Ziel und deine Unterziele!
Dir muss zu allererst dein Ziel klar sein. Willst du überhaupt glücklich sein und paradiesisch leben? Oder willst du frustriert und jammernd durch die Gegend laufen, überall das Elend der Welt sehen und dich davon noch weiter runterziehen lassen? Oder willst du dich noch lieber über andere Menschen stellen, sie klein machen und dich auf ihre Kosten stärken?
Nein, letzteres glaube ich nicht. Ich denke, dass du natürlich glücklich und paradiesisch leben und dich so richtig rundum wohl fühlen möchtest. Also: `Kenne dein großes Ziel´ ist die

Grundlage, auf der alles Weitere aufbaut. Du brauchst das zwingend, wenn du dein Leben bewusst gestalten möchtest.[31]
Du kennst nun dein großes Ziel, nämlich glücklich zu sein. Weißt du aber auch, was das für dich ganz konkret heißt? Kennst du auch deine Unterziele:
Brauchst Du Geld, eine bestimmte Art des Wohnens, die Möglichkeit zum Reisen, ein bestimmtes Auto oder deine berufliche Selbstverwirklichung, um rundum glücklich sein zu können?
Musst Du Zeit für dich haben, einen eigenen Raum zum Meditieren, Schreiben, Malen, Kreativ-Sein?
Brauchst du bestimmte Menschen oder Tiere um dich herum, einen wertschätzenden Umgang, Partys, Musik?
Oder ist es dein Engagement für andere und ein ressourcenschonender und umweltfreundlicher Lebensstil?
Nimm dir die Zeit, horche in dich und spüre nach, was du wirklich für dein glückliches Leben brauchst.
Das sind dann deine Unterziele

2. Nimm dein Jetzt wahr!

Immer nur positiv Denken wird dich nicht weiter bringen, weil du die Realität damit ausblendest. Ohne festzustellen, dass irgendetwas nicht so ist, wie du es dir wünschst, kannst du nichts verändern = verbessern. Also:

- Schau in deinen Spiegel[32],
- achte auf das, was du tust,
- achte darauf, was du fühlst,
- achte auf die Folgen deines Verhaltens und
- achte auch darauf, wie du auf das Verhalten anderer Menschen reagierst.

---

[31] Am Ende dieses Kapitels veranschauliche ich dir diese 9 Aufgaben an einem einfachen und an einem komplexeren Beispiel.

[32] Siehe Kapitel 13 „Werte, Idealbild, Selbstbild"

Aber: Die Menschen sind unterschiedlich!

Ich schaue und lese keine Krimis, Thriller oder ähnliches, weil sie mir zu nahe gehen und ich die negativen Szenen lange mit mir rum trage, mich immer wieder daran erinnere und sich das erheblich auf meine Stimmung auswirkt.
Mein Mann dagegen liebt Krimis und schaut sie sich gerne an. Er sagt, dass sie seine Stimmung heben, weil sie immer gut ausgehen. Das kann ich nicht nachvollziehen. Gäbe es aber nicht so viele Menschen, die das so empfinden, würde es wohl kaum so viele Krimis geben.
Andersherum kann es auch bei Romanzen sein. Ich liebe sie, empfinde mit und freue mich über das Happyend, auch wenn die Szenen vorher harmlos und schmalzig waren.
Eine Freundin wiederum sagte, dass sie Romanzen weder im Fernsehen oder Kino sehen, noch sie im Buch lesen kann, weil sie durch sie noch tiefer ins Selbstmitleid verfällt. Ihre Gedanken sind „Die haben ein Happyend, aber ich bin immer noch alleine und finde nicht den richtigen Mann" und „Die haben so viel Glück, aber ich nicht". Meine Freundin ist Single, ich nicht. Evtl. spielt also auch die konkrete Lebenssituation eine Rolle, ob du Romanzen magst oder nicht.

Das ist ein Beispiel dafür, dass die Menschen unterschiedlich sind.
`Nimm dein Jetzt wahr´ bedeutet wirklich, dass du ständig auf dich achtest und versuchst, heraus zu bekommen, was dir in deinem Leben gute und was dir schlechte Gefühle beschert, was dich glücklich und was dich unzufrieden macht.

3. Bewerte dein Jetzt in Orientierung an deinem großen Ziel!
Damit sind wir schon bei der dritten Aufgabe. Du merkst, dass ich - anders als viele andere Methoden und Techniken - den Prozess ganz klein aufspalte, damit er wirklich klar wird. Wenn du dein großes Ziel kennst und dein Jetzt wahrnimmst, dann kannst du deine momentane Situation mit Blick auf dein Ziel

bewerten. Nur dann kannst du die Feststellung treffen, ob deine aktuelle Situation und Gefühlswelt deinem Ziel nahe kommt oder nicht.

4. Bei positivem Ergebnis: Freue und feiere dich!
Wenn du dein Jetzt anhand deines großen Zieles bewertet hast und du zu dem Ergebnis gekommen bist, dass es passt, dann möchte ich dir herzlich gratulieren! Und du solltest dir auch selbst gratulieren. Jeder echte Glücksmoment ist würdig, gefeiert zu werden. Und er zeigt, dass du auf einem guten Weg bist, um dein Ziel des rundum glücklichen und paradiesischen Lebens erreichen zu können.

5. Bei negativem Ergebnis: Entdecke dein Hindernis!
In vielen Fällen müssen wir aber feststellen, dass wir dem Ziel, glücklich zu sein, nicht nahe sind. Dann folgt die fünfte Aufgabe, nämlich: Entdecke dein Hindernis!
Ich gebe zu, dass das einerseits die schwierigste Aufgabe ist, andererseits habe ich dir aber mit dem Paradiesbaum den Schlüssel für die Entdeckung in die Hand gegeben. Die Hindernisse sind immer Grenzen, an die du gestoßen bist. Sie haben dafür gesorgt, dass du dich klein und ohnmächtig fühltest, und sie haben das geringe Selbstwertgefühl in dir ausgelöst. In groben Zügen erscheint dir das vermutlich ganz klar. Du musst trotzdem noch detailliert entdecken, welche Grenzerfahrung es in dem Moment gerade war, die dieses Gefühl bei dir ausgelöst hat.
Erinnerst du dich an das Beispiel von der Freundin, die voller Vorfreude vor ihrem Vortrag war und deren Stimmung dann so plötzlich kippte?[33]

Es gibt unendlich viel in unserem Leben, das uns nicht bewusst ist. Dazu gehören auch unendlich viele Erwartungen. Da sie uns nicht bewusst sind, können wir nicht gut dafür sorgen, dass sie

[33] Siehe Kapitel 14.a. „Wurzeln und Stamm“ des Paradiesbaumes

uns auch erfüllt werden. Aber trotzdem spüren wir es negativ in unserer Stimmung, wenn sie uns nicht erfüllt werden.
Hier musst du auf die Spurensuche gehen, sollte das Hindernis nicht klar auf der Hand liegen.

Ich habe es beim ausführlichen Paradiesbaum bei Wurzeln und Stamm schon beschrieben, als ich erkannte, dass meine negative Stimmung nicht durch meine Hormone ausgelöst wird, sondern durch die nicht erfüllten Wünsche nach meinem eigenen Leben. Dass ich diese Wünsche hatte, war mir aber viele Jahre nicht bewusst.

Also forsche du ruhig ein bisschen tiefer und sei dankbar für die miese Stimmung und für die schlechte Laune, die dich darauf aufmerksam macht, dass etwas nicht so super läuft. Ohne sie könntest du nichts verbessern.
In Kapitel 3 habe ich dir erzählt, wie der Paradiesbaum entstanden ist und zwar durch die Warum-Fragen, mit denen meine Klientinnen und ich immer tiefer nach der eigentlichen Ursache ihrer Probleme geforscht haben.
Das kannst du auch bei deiner Hindernissuche anwenden. Wenn du auf ein mögliches Hindernis stößt, dann frage dich, warum das wohl so ist. Und bei der Antwort, die du darauf findest, frage wieder nach dem Warum. So kannst du immer tiefer in den Schichten graben und irgendwann das eigentliche Hindernis entdecken.
Und ja: Falls du auf mehrere mögliche Hindernisse stößt, musst dich dann erstmal für eines entscheiden, wenn du weiterkommen willst.

6. Denke dir Verbesserungsmöglichkeiten aus!
Wenn du dein Hindernis entdeckt bzw. dich für das wahrscheinlichste entschieden hast, dann denke dir am besten mehrere Verbesserungsmöglichkeiten aus, wie du es aus dem Weg schaffen bzw. wie du wieder auf den grünen, mittigen Ast

turnen kannst. Denn dein Ziel ist ja das Glücklich-Sein. Oft genug ist es so, dass wir das Hindernis an sich nicht so einfach beseitigen können.
Zum Verbesserungsideen-Ausdenken gehört unter Umständen kreatives Denken[34], denn nicht alles ist so einfach, wie das Beispiel des Nicht-frieren-Wollens, an dem ich dir am Ende diesen Kapitels die neun Aufgaben der Paradiesbaum-Technik verdeutliche. Manchmal braucht es auch Geduld, weil das eigentliche Hindernis nicht so schnell zu beseitigen ist.

Eine Erkältung z.B. dauert nun mal 14 Tage und da bleibt in der Zwischenzeit nur, die Krankheitstage möglichst gut zu gestalten, bis sie überstanden ist.

Am Ende des Buches habe ich dir eine Liste mit Ideen zusammengestellt, die in meinen Vorträgen zum Paradiesbaum durch die Teilnehmenden gesammelt wurden. Es gibt eine Menge, was wir tun können, damit es uns besser geht. Wir müssen es nur wirklich wollen und dann eben auch umsetzen.
Und damit bin ich bei der siebten Aufgabe angelangt.

7. Entscheide dich für eine Verbesserungsidee und teste sie!
In Aufgabe 5 hast du dein Hindernis identifiziert und in Aufgabe 6 hast du dir mehrere Verbesserungsideen überlegt, wie du es in den Griff bekommen kannst.
Die besten Ideen nutzen dir nichts, wenn du sie nicht anwendest. Da bin ich wieder beim rechten, roten Ast und unserer Schweinehündin. Eigentlich wissen wir ja, was wir tun können, damit es uns besser geht, aber irgendwie und wegen irgendetwas bekommen wir es nicht hin, das auch wirklich zu tun.
Du kennst nun den Grund dafür, was es ist: Wir wollen uns in unserem negativen Selbstbild bestätigen. Deshalb kommen wir

[34] Siehe Kapitel 23 zum Kreativen Denken

nicht „in die Pötte“ und lassen die vielen Verbesserungsideen nicht Wirklichkeit werden.
Nun kennst du ja die Zusammenhänge und hast entschieden, dass du glücklich und geradezu paradiesisch leben willst. Deshalb entscheidest du dich jetzt auch mit der Aufgabe 7 für das Tun und für eine der Verbesserungsideen und setzt sie um!
Dann nimmst du wieder dein Jetzt wahr (Aufgabe 3) und stellst fest, dass es dir besser geht oder auch nicht (Aufgabe 4). Wenn ja: Super! (Aufgabe 5) Wenn Nein, dann kommt nun Aufgabe 8.

8. Wenn sie nicht hilft, teste die nächste Verbesserungsidee!
Du hattest dir ja mehrere Verbesserungsideen ausgedacht, aber die erste, für die du dich entschieden hast, hat nicht geholfen. Also testest du nun die nächste, die dir ins Auge springt.
Das kannst du so lange wiederholen, bis du alle Ideen durch hast. Wenn dir dann nichts geholfen hat, kann es daran liegen, dass du nicht das eigentliche Hindernis gefunden hast. Und damit kommst du nun zu Aufgabe 9.

9. Wenn nichts hilft, dann überprüfe das Hindernis!
Wenn dir die ausprobierten Verbesserungsideen nicht helfen, dass du dich besser fühlst, dann überprüfe, ob es vielleicht ein anderes Hindernis gibt. Und hier kommt unter Umständen auch deine eigene Wahrheit bzw. dein Glaube ins Spiel, auf das ich im Kapitel 5 „Finde deine eigene Wahrheit“ ausführlicher eingegangen bin.
Die Ursachen für Schwierigkeiten können sehr vielfältig sein. Wir haben es auch schon im Kapitel 9 zu den Grenzen gesehen. Es kann sein, dass du irgendwo tiefsitzende Glaubenssätze hast, die dir noch völlig verborgen sind. Geh auf die Suche. Wiederhole die Aufgaben 2 bis 9 immer und immer wieder. Mache es dir zur Gewohnheit und zu einem lieben Hobby, dass du immer weiter suchst, Verbesserungsideen entwickelst und sie ausprobierst, bis du dich besser fühlst.

Das Selbstwertgefühl ist die Wahrnehmung des persönlichen Könnens. Wenn du meiner Paradiesbaum-Technik folgst, handelst du. Durch das Handeln kannst du dein Können wahrnehmen. Auch wenn dich nicht jedes Tun zum gewünschten Ergebnis führt, so kannst das gewünschte Ergebnis logischerweise nur erreichen, indem du immer wieder weiter – anders![35] – handelst.
Wenn du aufgibst und wenn du deiner Schweinhündin folgst, dann kannst du dein Können nicht (mehr) wahrnehmen.

Ja, natürlich gibt es auch richtige und falsche Zeiten. Nicht immer muss und kann alles sofort gelöst und erledigt werden und nicht immer ist es sinnvoll, in Bezug auf das konkrete Hindernis ins Tun zu kommen.
So wie uns oft nicht direkt die Grenze bewusst ist, durch die wir uns mies und elend fühlen, so muss es auch nicht immer der direkte Bezug zum Hindernis sein, der dazu beiträgt, dass es uns besser geht. Wenn du an dieser Stelle nicht weiter kommst, kannst du auch irgendetwas anderes tun, das dir zum Wohlfühlen verhilft und das dich ablenkt und deine Stimmung hebt.

Wichtig ist allein, dass du ins Tun kommst, damit du dein persönliches Können wieder wahrnehmen und dich auf diese Art stärken kannst.

---

[35] Albert Einstein wird der Ausspruch zugeschrieben: „Wahnsinn ist es, immer das Gleiche zu tun und dabei ein anderes Ergebnis zu erwarten.“

Ein einfaches Beispiel zur Anwendung der Paradiesbaum-Technik:

1. „Kenne dein Ziel und deine Unterziele“:
Dein Ziel ist es, dich körperlich rundum wohl zu fühlen.

2. „Nimm dein Jetzt wahr!“:
Du frierst gerade schrecklich.

3. „Bewerte dein jetzt in Orientierung an deinem großen Ziel!“:
Frieren passt nicht mit deinem Ziel zusammen, weil du dich ja körperlich wohlfühlen möchtest.

4. „Bei positivem Ergebnis: Freue und feiere dich!“:
Wenn für dich die Temperaturen gerade alle angenehm sind und du dich körperlich wohl fühlst und du das auch wahrnimmst, dann ist dein Ziel erreicht und du kannst dich darüber freuen, dankbar sein und das ggfs. auch feiern.[36]

5. „Entdecke dein Hindernis“:
Frierst du, weil ein Fenster aufsteht?
Weil du Hunger hast und Kalorien brauchst?
Weil du müde bist?
Weil die Heizung kaputt gegangen ist?
Weil du zu leicht angezogen bist?

---

[36] Ich nehme mich mittlerweile meistens sehr bewusst wahr und bin jedes Mal froh und dankbar, wenn ich an dieser Stelle zu einem positiven Ergebnis komme.

6. „Denke dir Verbesserungsmöglichkeiten aus!":
Wenn du frierst, dann kannst du dir etwas überziehen, für Kalorien sorgen, schlafen gehen, die Heizung höher drehen, dich in eine Decke kuscheln, woanders hingehen, wo es wärmer ist, dir ein heißes Bad machen, …

7. „Entscheide dich für eine Verbesserungsmöglichkeit!":
Du entscheidest dich dafür, dich wärmer anzuziehen.

8. „Wenn sie nicht hilft, teste die nächste Verbesserungsidee!":
Du stellst fest, dass du trotz der Jacke immer noch frierst, schaust auf die Uhr und sagst dir, dass du dann doch vielleicht ein paar Kalorien zu dir nehmen solltest, weil die Unterzuckerung der Grund fürs Frieren sein kann.
Und wenn das auch nicht geholfen hat, dann drehst du die Heizung höher.

9. „Wenn nichts hilft, dann überprüfe das Hindernis!":
Nach einer halben Stunde ist dir immer noch kalt. Du fühlst am Heizkörper und stellst fest, dass er nicht warm geworden ist. Du schaust nach und siehst, dass die Heizung nicht läuft. Aha, deshalb ist dir kalt. Da scheint das tatsächliche Hindernis zu liegen. Also kommst du erneut ins Tun, versuchst die Heizung neu zu starten und wenn das zu keinem Erfolg führt, rufst du den Kundendienst an.
Während du auf den Kundendienst für die Heizung warten musst, kochst du dir einen Tee, kuschelst dich aufs Sofa, machst dir schöne Musik an und liest ein gutes Buch. Oder du saugst die Wohnung oder bügelst, wobei dir warm wird. Auf diese Weise hast du die Wartezeit sinnvoll genutzt.

An dem einfachen Beispiel mit dem Frieren habe ich dir verdeutlicht, dass wir die Paradiesbaum-Technik ständig immer wieder anwenden, weil sie völlig normal ist. Wir denken nicht darüber nach und gehen diese neun Aufgaben trotzdem Schritt für Schritt durch.

Und das ist auch die gute Nachricht für dich:
Du brauchst nichts Neues zu erlernen; du beherrschst diese Technik schon. Neu ist jetzt nur, dass ich sie für dich analysiert und sie dir bewusst gemacht habe. Und mit diesem neuen Bewusstsein kannst du sie nun auch in Situationen anwenden, in denen du dich sonst klein, hilflos und ohnmächtig fühlst.

Dazu ein komplexeres Beispiel:
Eine Frau kam in die Beratung, die in sich einen heftigen Konflikt trug. Der Vater war schon verstorben; die Mutter lebt noch in der Erdgeschoss-Wohnung im Elternhaus; der Bruder der Klientin bewohnt das Dachgeschoss.
Bei der Mutter begann langsam aber sicher eine Altersdemenz, d.h. es wurde notwendig, dass sich die beiden erwachsenen Kinder etwas mehr um sie kümmern mussten.

1. *„Kenne dein Ziel!“:*
Natürlich ist es das Ziel der Klientin, Frau X, dass sie sich wohl fühlt. Dazu gehört, dass sie sich wertgeschätzt und gerecht behandelt fühlen möchte.

2. *„Nimm dein Jetzt wahr!“:*
Frau X bemerkte die Schwierigkeiten in ihrer Herkunftsfamilie und fühlte sich nicht wohl und schon gar nicht glücklich.

3. „Bewerte dein Jetzt in Orientierung an deinem großen Ziel!“:
Sie konnte die Situation klar bewerten, dass sie momentan nicht mit ihrem Ziel, sich wohl zu fühlen, übereinstimmt und kam deshalb zu mir in die Beratung.

4. „Bei positivem Ergebnis: Freue und feiere dich!“:
Leider gab es bei der Bewertung des Jetzt kein positives Ergebnis, sondern ein sehr negatives.

5. „Bei negativem Ergebnis: Entdecke dein Hindernis!“:
Es war klar, dass die Situation in ihrer Herkunftsfamilie das Hindernis war.
Der Bruder nämlich, der im Haus mit der Mutter wohnt, kümmert sich nicht um sie, während Frau X zunehmend öfter nach der Mutter schaut. Sie fühlt sich als Hochsensible besonders verantwortlich.
Dazu kommt, dass die Eltern immer schon kommuniziert hatten, dass der Bruder das Haus erben sollte. Zwar war auch die Rede davon, dass der Bruder seine Schwester dann auszahlen sollte, aber klärende Gespräche bei einem Anwalt und bei Banken haben ergeben, dass der Bruder sich das finanziell aufgrund seiner Verpflichtungen durch eine Scheidung nicht leisten kann. Selbst das Beratungsgespräch beim Anwalt konnte er finanziell nicht alleine tragen und die Kosten wurden deshalb auch auf seine Schwester umgelegt, die nun zurückstehen und dem Bruder das Haus ohne Ausgleich überlassen sollte.
Puh! Ich konnte gut verstehen, dass sich die Frau nicht wohl und sehr ungerecht behandelt fühlte.

6. „Denke dir Verbesserungsmöglichkeiten aus!“:
Wir besprachen die Möglichkeiten, die die Frau nun hatte:
- Die Situation so, wie sie ist, zu akzeptieren und damit auf ihren Erbteil zu verzichten. Dann müsste sie aber dazu noch einen Weg finden, ihren Groll loszuwerden.
- Sie könnte auch selbst einen Anwalt einschalten und um ihr Recht kämpfen. Der Pflichtteil würde ihr ja auf jeden Fall zustehen und im

schlimmsten Fall müsste das Haus dann verkauft werden. Doch ihr war es durchaus selbst ein Anliegen, dass das Haus in der Familie bleibt. Außerdem war ihr ein gutes Verhältnis mit dem Bruder wichtiger als Gerechtigkeit.
- Frau X könnte versuchen, das Überschreiben des Hauses an den Bruder zu verhindern, indem sie mit der Mutter redete und ihr ihre Sicht der Dinge offenlegt. Noch hatte die Mutter ja viele gute Phasen.
- Sie könnte auch versuchen, ihre Mutter aufgrund der beginnenden Demenz für geschäftsunfähig erklären zu lassen und damit das Überschreiben des Hauses verhindern. Nach dem Tod der Mutter würde dann das gesetzliche Erbrecht greifen und sie bekäme, was ihr zusteht.
- Und Frau X könnte auch versuchen, nochmal offen und ausführlich mit dem Bruder zu reden und ihm zu sagen, dass sie sich ungerecht behandelt fühlt, dass sie sein Verhalten nicht nachvollziehen kann und mit ihm gemeinsam eine für alle Seiten befriedigende Lösung des Konfliktes herbeiführen möchte. Evtl. auch über eine Mediation oder Schiedsperson. Doch auch diese Idee schien aussichtslos, da dem Bruder seine Bevorzugung in die Wiege gelegt wurde und er sie nicht als Ungerechtigkeit, sondern als Selbstverständlichkeit ansah.

7. „Entscheide dich für eine Verbesserungsidee und teste sie!“:
Frau X entschied sich dafür, nochmal mit der Mutter zu reden. Auf dieses Gespräch bereitete sie sich gut vor, sammelte all ihre Gedanken und Argumente und nahm ihren Mut zusammen, um das bisher Unausgesprochene ruhig und sachlich auf den Tisch bringen zu können. Leider führte das Gespräch nicht zu dem gewünschten Ergebnis, denn in der Mutter steckt tief das patriarchalische Denken, dass nur dem Bruder als einzigem männlichen Erben das Haus zusteht.
Wieder einmal fühlte sich Frau X klein und hilflos. Sie wuchs schon mit dieser Abwertung ihrer Person aufgrund ihres Geschlechtes auf und bekam es nun wieder einmal zu spüren. Dass die Mutter in diesem Alter und mit der beginnenden Demenz ihre Haltung ändern wird, konnte sie nicht erwarten.
Das hieß, dass diese Verbesserungsidee nicht geholfen hatte.

8. „Wenn sie nicht hilft, teste die nächste Verbesserungsidee!“:
Der Klientin war dann klar geworden, dass sie mit den anderen Verbesserungsideen auch nicht weiterkommen würde, da das Hindernis nicht in der Situation an sich lag, sondern in den Glaubenssätzen von Frau X.

9. „Wenn nichts hilft, überprüfe das Hindernis!“:
Das Problem in der beschriebenen Situation war nämlich nicht in erster Linie das Überschreiben des Hauses an den Bruder, sondern die Elternbotschaften, die Frau X von früh auf mitgeteilt bekam:
- Du bist weniger wert, als dein Bruder!
- Der Zusammenhalt der Familie ist wichtiger, als dein eigenes Wohl!
- Als Frau musst dich um die anderen kümmern und dich selbst zurücknehmen!
- Deine Gefühle und Gedanken darfst du nicht aussprechen!
- Du hast kein Recht! …
Wir entdeckten also den Widerspruch zwischen dem Selbstbild und dem Idealbild von Frau X. Mit ihrem Verstand sah sie Frauen und Männer als gleichberechtigt an und hat ihre eigenen Kinder beiderlei Geschlechts auch so erzogen. In ihren Gefühlen und ihrem Unterbewussten saßen aber noch die alten Glaubenssätze fest. Solange die Klientin diese Glaubenssätze nicht bearbeitet hatte, konnte sie nicht für sich selbst und für ihr Recht einstehen, keine befriedigende Lösung finden und vor allem kann sie so lange auch nicht wirklich rundum glücklich sein.

Damit beginnt die Paradiesbaum-Technik ab der 5. Aufgabe wieder von neuem.
Jetzt haben wir ein anderes Hindernis entdeckt und können wieder Verbesserungsideen sammeln. Diesmal sehen sie ganz anders aus, als beim ersten Mal. Die Glaubenssätze sind identifiziert und die Klientin konnte an deren Bearbeitung gehen.[37]

[37] Mehr dazu im Kapitel 24 „Die Macht deiner Gedanken“

Ich habe dir hiermit zwei ganz verschiedene Beispiele vorgestellt, in denen die Paradiesbaum-Technik angewendet wurde. Am ersten einfachen Beispiel hast du gesehen, dass du diese Technik schon beherrschst und im Alltag immer wieder anwendest.
Am zweiten Beispiel hast du gesehen, dass es unter Umständen gar nicht so einfach ist, das eigentliche Hindernis aufzuspüren.[38]
Zusätzlich hast du am zweiten Beispiel gesehen, dass das Hindernis an der Diskrepanz zwischen dem Selbstbild und dem Idealbild liegt. Letzteres ist allerdings unreflektiert von den elterlichen Wertvorstellungen geprägt, denen Frau X mit ihrem Wunsch nach Gleichberechtigung nicht entsprach.[39]

Ich freue mich sehr darüber, dass du nun mit der Paradiesbaum-Technik ganz bewusst ins Handeln kommen und dein Leben verbessern kannst!

Afformationen:
Warum wende ich die Paradiesbaum-Technik an?
Warum hilft mir die Paradiesbaum-Technik?

22. Wozu schlechte Laune gut ist

Schon mehrfach habe ich die schlechte Laune erwähnt. Wir nennen sie so, weil es uns nicht gut, sondern schlecht geht, sobald dieses Gefühl in uns auftaucht. Aber du hast auch schon gelesen, dass schlechte Laune ein Hinweis auf unsere Hindernisse ist, die wir überwinden müssen, wenn wir das paradiesische Leben erreichen möchten. Und genau dazu ist sie auch gut.
Sie weist uns auf Diskrepanzen hin. Entweder auf die zwischen unserem Tun, das nicht mit unserem Idealbild übereinstimmt.

---

[38] Siehe Kapitel 5 „Finde deine eigene Wahrheit“
[39] Siehe Kapitel 21 „Die Paradiesbaum-Technik“

Oder aber, dass wir in dem Moment in unserem Inneren Widersprüche spüren. Frau X hatte auf der einen Seite den überlieferten Wert, dass die Familie das Wichtigste und der Wille der Eltern zu achten sei, und auf der anderen Seite ihr erworbener Wert der Gleichberechtigung von Frauen und Männern.

Da du jetzt die Zusammenhänge erkannt und verstanden hast, kannst du dich herzlich über deine schlechte Laune freuen. Sie zeigt dir, dass du genau an dieser Stelle hinschauen musst, wenn du glücklich leben möchtest.

- Frage dich, was gerade passiert ist.
- Überlege, was deine schlechte Laune ausgelöst hat.
- Spiele in Gedanken die Situation mit anderen Vorzeichen oder auch mit anderen Menschen durch.
- Haben vielleicht bestimmte Formulierungen deines Gegenübers deine Stimmung verändert?
- Denke so lange darüber nach, bis du herausgefunden hast, was es gewesen sein mag.

Die schlechte Laune ist – wie jedes andere negative Gefühl – ein Indiz dafür, dass du dich derzeit nicht auf dem Weg zum Glück befindest.
Sei dankbar dafür, denn nur so kannst du deinen Weg dorthin wieder finden.

Afformationen:
Warum erkenne ich die Botschaft, die mir meine schlechte Laune sendet?
Warum verbessere ich mein Leben?

23. Kreatives Denken

Wenn du dich entschieden hast, überwiegend auf dem grünen mittleren Ast zu leben, dann ist kreatives Denken hilfreich, um mit den erlebten Grenzen positiv umgehen zu können.
Was aber ist kreatives Denken und wie kannst du es erlernen?
Mit kreativem Denken brichst du aus deinen gewohnten Denkmustern aus. Du verlässt die eingefahrenen Denkwege und stellst neue Verknüpfungen in deinem Gehirn her.[40]
Wenn du ein Problem oder eine Frage entdeckt hast und die Lösung bzw. Antwort nicht so einfach auf der Hand liegt, dann kannst du es einfach erst einmal ruhen lassen und etwas anderes tun. Dein Gehirn ruht aber in der Zwischenzeit nicht, sondern kaut weiter darauf herum. Oft ist es so, dass uns dann plötzlich eine Lösung in den Sinn kommt, obwohl wir das eigentliche Problem schon längst nicht mehr im Bewusstsein haben.
Beim bewusst herbei geführten kreativen Prozess suchen wir gezielt die Ablenkung und übertragen dann völlig Artfremdes auf das Problem.
Wobei es beim kreativen Denken ganz wichtig ist, dass erst einmal alle Ideen gesammelt werden und erst am Ende des Ideen-Sammel-Prozesses bewertet werden.

Ein Beispiel:
In den Medien hören und lesen wir immer wieder, dass Fachkräfte gesucht werden. Es bestünde ein großer Mangel. Wenn du nun als Arbeitgeberin eine Angestellte suchst und mit herkömmlichen Anzeigen keinen Erfolg hast, dann kannst du kreative Ideen entwickeln, wie du jemanden für deine Stelle interessieren könntest.
Dazu nimmst du deine Umgebung bewusst wahr und überträgst das Gesehene auf dein Problem. Z.B. siehst du ein Fahrrad und kommst auf die Idee, dass du mit einem Werbebanner am Rad durch die Gegend

[40] Siehe auch Kapitel 24 „Die Macht deiner Gedanken"

fahren und auf deine Stelle aufmerksam machen könntest. Auch ein bunt angemaltes Fahrrad vor der Arbeitsagentur mit deinen Flyern im Korb könnte Wirkung zeigen.
Oder du siehst die Straßenlaterne und du kommst auf die Idee, dein Stellenangebot mittels einer Magnetvisitenkarte an die Laterne zu „pinnen".
Oder du siehst einen Hund und denkst dir, dass ein Sandwich-Plakat am Hund befestigt Aufmerksamkeit erregen könnte.
Oder dir fällt die Apotheke ins Auge und du denkst dir, dass du dein Stellenangebot auch wie eine Medikamentenwerbung aufziehen könntest.
Oder du hörst die Kirchenglocken und dir kommt der Gedanke, dass du wie früher die Marktschreier mit einer Glocke durch die Fußgängerzone laufen und die Stelle anpreisen könntest.
Oder du siehst ein Flugzeug, erinnerst dich an die Rosinenbomber nach dem Krieg und stellst dir einen Flyerabwurf aus einem Hubschrauber vor.

Du verstehst, was ich meine: Völlig Artfremdes verknüpfst du mit deinem Problem oder deiner Fragestellung - das meint kreatives Denken!
Und das Praktische beim kreativen Denken ist, dass es
1. Spaß macht,
2. dadurch noch gar nichts weiter passiert ist (außer, dass du Spaß hast) und
3. zu guten Lösungen führt.

Wenn du nun also in Aufgabe 6 der Paradiesbaum-Technik Verbesserungsideen entwickeln sollst, dann meine ich damit durchaus auch kreative Ideen, die deinem Leben Würze geben können. Positives Denken und positives Ausdenken schadet niemandem, sondern verhilft dir zum glücklichen Leben.
Doch mehr dazu im nächsten Kapitel „Die Macht deiner Gedanken".

Aber denke daran: Wenn du die kreativen Ideen gleich wieder zerreißt und für sie alle Killerphrasen parat hast, weil die Ideen
- zu teuer sind,
- zu viel Zeit kosten,
- zu viel Manpower brauchen,
- keine Akzeptanz finden werden,
- …,
dann bist du wieder rechts auf den roten Ast des Paradiesbaumes geturnt, weil du das Negative siehst und dich davon lähmen lässt. Willst du das?
Suche dir lieber neue Lösungen für die Hindernisse, die dir aufgefallen sind.
Es macht Spaß und stärkt! Glaube mir!

Afformationen:
Warum verlasse ich die gewohnten Denkmuster?
Warum knüpfe ich neue Verbindungen?
Warum habe ich Spaß an verrückten Ideen?

24. Die Macht deiner Gedanken

Und da bin ich bei einem weiteren wichtigen Punkt zum Paradiesbaum: Du hast nämlich die Macht über deine Gedanken! So ein bisschen wurde das ja eben schon beim Kreativen Denken deutlich.
Deine Gedanken entstehen irgendwo in der Tiefe deines Gehirnes und sie sind abhängig von deiner Stimmung, deinen Erfahrungen und deinem Wissen.
Du kannst unsere Nervenverbindungen, die ja für unser Verhalten und unsere Gefühle zuständig sind, mit Pfaden, Wegen, Straßen und Autobahnen vergleichen.
Die Gedanken, die wir häufig denken, rasen auf der gut ausgebauten Autobahn nur so dahin. Und für Gedanken, Gefühle

und Verhalten, die uns ungewohnt sind, gibt es nur Trampelpfade, die vielleicht sogar kaum zu erkennen sind.
Du kannst aber üben, diese Trampelpfade zu benutzen und so versuchen, sie weiter auszubauen. Schon die Frage „Ist das wirklich so oder könnte es auch ganz anders sein?“ hilft dir dabei. Du kannst dir daraus einfach ein lustiges Spiel machen und alles Mögliche in Frage stellen. Erlaube dir, zu denken und zu fantasieren. Es macht total viel Spaß und es macht dich auch fit für den Weg ins Paradies. Deine Gedanken sind frei – wie es in dem alten Volkslied heißt - und kaum jemand kann sie erraten. Ist das nicht wunderbar?

Aber natürlich bestimmt auch dein Wissen deine Gedanken.

Ein Beispiel:
Als Kind hast du vielleicht auch allen Müll in einen Eimer geworfen. Wir hatten bei unserem Bienenhaus im Wispertal noch nicht mal eine Mülltonne, sondern nur eine private Müllhalde im Wald. Als Kinder wurden wir dann mit dem Mülleimer dorthin zum Ausleeren geschickt. Wir haben nicht darüber nachgedacht. Es war einfach so.
Mit dem Älter-Werden und in dem Maße, wie sich auch die Gesellschaft entwickelt hat, haben wir immer mehr Wissen erworben und wissen nun auch, dass Mülltrennung durchaus sinnvoll ist.
Heute habe ich ein schlechtes Gewissen, wenn mir mal ein Stück Folie in den Restmüll rutscht und ich das nicht direkt wieder herausfische, um es in den gelben Sack zu tun.
Aber dann sehe ich im Fernsehen die Berichte, dass die Mülltrennung doch nicht funktioniere, sie deshalb nicht sinnvoll sei und ich doch wieder alles in eine Tonne werfen könne.
Es ist nur ein kleines alltägliches Beispiel, wie neu erworbenes Wissen auch unser Denken und unser Verhalten in eine Richtung verändert und es sich sogar auch mit wieder neuem Wissen zurück verändern kann.

Und je nachdem ist es sogar mit Gefühlen, wie gutem oder schlechtem Gewissen, verbunden.

Mit dem Paradiesbaum hast du neues Wissen auf eine sehr anschauliche Art erworben und damit wirst du Situationen, dein Verhalten, deine Gefühle und auch andere Menschen anders beurteilen.
Du hast es in der Hand, deine Gedanken selbst zu kreieren. Du kannst entscheiden, ob du dich gleich morgens schon ärgern möchtest, wenn dein Wecker klingelt[41] oder wenn du an irgendeine Grenze stößt. Aber du kannst dich auch für dein Glücklich-Sein entscheiden und Lösungen entwickeln, wie du mit den vorhandenen Grenzen positiv umgehen kannst.
Mit deiner Entscheidung für das Paradies sorgst du für deine positive Stimmung, deine gute Laune und dein Wohlfühlen. Ist das nicht klasse, dass du nun vom Opfer deiner Gedanken und Gefühle zur Gestalterin deines Lebens wirst?

Afformationen:
Warum nutze ich die Macht meiner Gedanken?
Warum kreiere ich mir mein paradiesisches Leben?

25. O statt I - Afformationen

Nun möchte ich dir noch von einer sehr hilfreichen Methode berichten. Ich habe sie durch Patricia Zurfluh kennengelernt[43], und sie wiederum hat sie von Noah St. John, der sie entwickelt hat[44]. Es geht um AffOrmationen im Unterschied zu

[41] Dazu gibt es ein gutes Buch: Serge Marquis, Ich muss nicht alles glauben, was ich denke (Kösel-Verlag 2016)
[43] Patricia Zurfluh, Warum liebe ich mein Leben (novum-Verlag 2015)
[44] Noah St. John, Erfolg ist kein Zufall (Ariston Verlag 2010)

AffIrmationen. Das I wird durch das O ersetzt und der Satz wird in eine Frage umgewandelt.
Vermutlich hast du schon einmal etwas von AffIrmationen gehört. Das sind positiv formulierte Glaubenssätze, die alte negative Glaubenssätze verändern sollen. Wenn man sich nur oft genug vorsagt, dass man gesund und/oder erfolgreich oder sonst was ist, dann würde man es auch werden.
Noah St. John wollte gerne erfolgreich werden und folgte deshalb dem Vorschlag, dazu Affirmationen anzuwenden. Leider musste er – wie etwa die Hälfte derjenigen, die mit Affirmationen arbeiten – feststellen, dass sie ihm nichts brachten. Ihn beschäftigte die Frage, warum das wohl so ist. In seinem Unterbewusstsein arbeitete diese Frage und sein Gehirn suchte nach einer Antwort. Eines Tages unter der Dusche – so schreibt er[45] – fiel es ihm wie Schuppen von den Augen: Er verstand, dass bei ihm Affirmationen deshalb nicht wirken, weil Menschen sich immer wieder Fragen stellen. Affirmationen aber sind Aussagen und keine Fragen. Noah St. John zweifelte als kritischer Mensch immer wieder an deren Wirksamkeit, weil ja in der Realität durch diese Aussagen noch gar keine Veränderung passiert ist. Sein Unterbewusstsein und sein Verstand wehrten sich dagegen, die platten Formulierungen der Affirmationen zu glauben und gingen quasi in den Streik. Sie schickten ihm Gedanken wie „Stimmt doch gar nicht. Du bist gar nicht erfolgreich. Mach dir doch nichts vor. Schau dir mal dein Konto an: So leer ist das doch nicht bei einem erfolgreichen Menschen. …“ und so ähnlich.
Noah St. John grübelte dann darüber nach, wie er sein eigenes Unbewusstes austricksen kann und kam auf die Warum-Fragen, die ihm diese Erkenntnis brachten und die er dann weiter mit Erfolg an sich selbst und mit anderen Menschen testete.
Stellst du dir statt der Aussage „Ich bin erfolgreich“ die Warum-Frage „Warum bin ich erfolgreich?“, dann zweifelt dein

---

[45] Noah St. John, Erfolg ist kein Zufall (Ariston Verlag 2010), S. 67 ff

Unterbewusstes die Tatsache an sich nicht mehr an, sondern sucht nach einer Antwort auf die gestellte Frage.
Afformationen sind also Warum-Fragen, die unser Gehirn in die gewünschte Richtung lenken und dafür sorgen, dass es nach Lösungen und Antworten sucht.
Wobei es dabei doch hilfreich ist, noch ein paar mehr Regeln zu beachten.

Es sind auch hier die Schritte zu gehen, die ich bei der Paradiesbaum-Technik beschrieben habe.

1. Du musst dein Ziel kennen
Beispiel: Ich möchte abnehmen

2. Du musst deine Hindernisse finden:
Beispiel: Ich esse zu viel; ich esse ungesund; ich liebe Schokolade und alles Kalorienhaltige; ich bewege mich zu wenig; ich hasse Sport, u.ä.

3. Formuliere deine Afformationen auf die Hindernisse hin positiv[46] und in der Gegenwarts- oder Vergangenheitsformulierung.
Warum nehme ich meine Sättigungsgrenze wahr? Warum höre ich auf meinen Körper? Warum liebe ich gesunde Lebensmittel? Warum esse ich total gerne Gemüse und Obst? Warum bewege ich mich gerne? Warum habe ich eine Sportart gefunden, die mir Spaß macht? ...
Merkst du, wie sich sofort die Stimmung ins Positive wandelt?

---

[46] Die Forschung hat festgestellt, dass unser Gehirn die Worte „kein“, „ohne“ und „nicht“ nicht versteht. Wenn wir also sagen würden „Warum mag ich keine Schokolade mehr?“ würde unser Gehirn verstehen „Warum mag ich Schokolade?“. Aus diesem Grunde sind positive Formulierungen wichtig. Manchmal sind sie schwer zu finden. Wenn du da mal nicht weiter kommst, dann wende dich gerne an mich, und ich versuche dir zu helfen.: www.paradiesbaum.de/kontakt

Mein Geheimtipp ist das kleine Wörtchen „eigentlich". Wenn ich das in meine Afformationen einfüge, kommt da für mich noch eine ungläubige Verwunderung mit ins Spiel, die für mich die Afformationen noch mehr zum Strahlen bringen.[47]
Warum esse ich eigentlich nur noch so viel, bis ich satt bin?
Warum achte ich eigentlich so gut auf meine Grenzen?
Warum schmecken mir eigentlich Gemüse und Obst so gut?
Warum macht mir eigentlich Bewegung so viel Spaß?
Wie kam es eigentlich, dass ich eine Sportart gefunden habe, die mir so viel Freude bereitet? ...

Du siehst: In den Fragen stecken schon manche Antworten:
Natürlich hängt es von der Zubereitungsart und der Würzung ab, ob ich Obst und Gemüse mag. Und natürlich kann ich nur dann die für mich richtige Sportart finden, wenn ich so lange ausprobiere, bis ich die für mich passende gefunden habe.

Hier liegen die Antworten auf der Hand.
Und auch hier ist wieder das Ins-Tun-kommen das Wichtige, das uns den Weg zum Glück weist, denn die Wahrnehmung des persönlichen Könnens beeinflusst unser Selbstwertgefühl.[48]
Das Praktische bei den Afformationen ist, dass wir mit ihnen einfach nur unser Unterbewusstes füttern müssen. Wir müssen nicht bewusst und aktiv auf die Suche nach den Antworten gehen. Das tut unser Unterbewusstes ganz von alleine.
Es ist wie ein Suchauftrag im Internet, nur dauert es etwas länger, bis wir die Antworten gefunden haben. Unser Gehirn hat ja über so viele Jahre die Autobahnen der Nerven gebildet und muss nun lernen, neue auszubauen.
Man hat herausgefunden, dass wir 1000 Wiederholungen von neuen Gedanken oder neuem Verhalten brauchen, bis wir es

---

[47] Tipp: Lies dir die nun folgenden Afformationen laut und mit Betonung vor, damit du verstehst, was ich meine.
[48] Siehe Kapitel 8 „Das Selbstwertgefühl"

verinnerlicht haben. Andere sagen vier Wochen. Egal wie lange es wirklich ist, aber auch Afformationen helfen nur durch häufiges Üben und Vorsagen.

Ich bin eine Zweiflerin und stelle gerne alles in Frage. Und außerdem bin ich nicht sonderlich diszipliniert, was das Einüben von Veränderung betrifft. Meine Schweinehündin vom rechten, roten Ast lässt auch bei mir immer wieder grüßen. Aber ich wollte gerne, dass mir die Afformationen helfen, da mir das Konzept einleuchtete. Also habe ich mir Anfangs-Afformationen kreiert, mit denen ich in meine lange Liste an Afformationen einsteige. Die sage ich mir mehrmals täglich auf.
Meine Anfangs-Afformationen lauten:
Warum präge ich mir meine Afformationen diszipliniert ein?
Warum helfen mir meine Afformationen?
Und dann folgen all meine anderen Warum-Fragen, die ich immer wieder überarbeite und anpasse. Je nachdem, wie sich meine Situation, mein Denken und Fühlen verändert.
Etliche echte Erfolge habe ich damit schon erzielt bis dahin, dass mein Zweifeln einer sehr beruhigenden Zuversicht gewichen ist.

In meiner Straußwirtschaft geriet ich immer in Stress, wenn viele Gäste auf einmal kamen. Wenn sie dazu noch Winzerweck bestellten, das für mich den größten Arbeitsaufwand bedeutete, bekam ich Panik und zweifelte an meiner Fähigkeit, mein Unternehmen alleine führen zu können. Mein Ziel war klar: Ich wollte stressfrei arbeiten können. Die Hindernisse waren auch identifiziert: Die Gäste, die auf einen Schlag, anstatt schön verteilt kamen. So formulierte ich die Afformationen:
Warum kommen die Gäste genau im richtigen Abstand?
Warum konsumieren die Gäste genau das Richtige?
Und es ist kaum zu glauben, aber tatsächlich funktioniert das nun schon seit mehr als einem Jahr richtig gut. Die Gäste kommen genau im richtigen Abstand und bestellen die Speisen so, dass ich ohne MitarbeiterInnen gut zurecht komme. Zusätzlich dazu habe ich durch

bessere Vorbereitung und ein Gästerufsystem weitere Verbesserungen eingeführt, mit denen es mir richtig gut geht. So macht das Leben Spaß!

Andere Afformationen haben sich auch bewahrheitet, aber ich musste feststellen, dass ich sie in der Form gar nicht wollte:
Zum Beispiel hatte ich mir für die Straußwirtschaft eine Mitarbeiterin gewünscht, die so tickt, wie ich selbst. Die bekam ich dann auch. Das hat aber überhaupt nicht gepasst. Denn: Ich bin die Chefin; eine zweite Chefin brauche ich nicht. Das musste mir dadurch aber erst klar werden. Hätte ich da vorher dran gedacht, dann hätte ich es anders formulieren können.

Mein Mann hatte sich mit Afformationen eine tolle Stelle in einer Firma gewünscht. Im Vorstellungsgespräch wurde dann aber deutlich, dass sie gar nicht toll war, weil mein Mann mit dem Chef nicht zurechtgekommen wäre.

Zwei Beispiele, die zeigen, dass wir beim Formulieren der Afformationen gut aufpassen müssen. Und natürlich bekommen wir auch vieles nicht erfüllt, weil wir die Verhältnisse nicht richtig kennen oder nicht richtig einschätzen und die Hindernisse doch woanders liegen, als wir denken.
Oder es klappt nicht, weil die Situation komplexer ist.
Ich kann z.B. meine Zielgruppe nicht finden, wenn ich mir noch nicht klar bin, was mein Produkt sein soll. Oder auch andersherum: Wenn ich meine Zielgruppe kenne, aber nicht weiß, was sie braucht, kann ich nicht das richtige Produkt für sie entwickeln und anbieten.
Es gibt also manchmal Schichten, die erst abzutragen sind, um dann den eigentlichen „Constraints“ = Engpass entdecken zu können.[49]
Aber auch da ist es gut und der nach meiner Meinung einzig richtige Weg, wenn ich nicht aufgebe, sondern den Misserfolg

[49] Siehe Kapitel 2 „Die „Theory of Constraints“ und die Logik“

dankbar als Aufforderung annehme, um nochmal genauer hinzuschauen, was mein Hindernis sein könnte.
Mein Körper, meine negativen Gefühle und mein Leben geben mir so viele Hinweise. Ich muss sie nur beachten und hinterfragen.[50]

Afformationen:
Warum beachte ich eigentlich die Zeichen und Botschaften in meinem Leben?
Warum nehme ich eigentlich gerne die Herausforderungen an, um mein Leben immer mehr verbessern zu können?
Warum macht es mir eigentlich so viel Spaß, immer glücklicher zu leben?

26. Der Ton macht die Musik

Vielleicht kam dir beim Lesen schon der Gedanke, dass vieles von dem, was ich im Paradiesbaum erklärt habe, mit Kommunikation zusammenhängt. So ist es nämlich!
Wir kommunizieren verbal und nonverbal und sogar mit unserer bloßen Abwesenheit oder auch Reaktionslosigkeit, wie ich es beim linken, blauen Ast erklärt habe.[51]
Und so wie wir Nachrichten senden, so gibt es in der Regel jemand, die diese Nachricht empfängt.
Friedemann Schulz von Thun[52] hat dazu ein sehr anschauliches Kommunikationsmodell entwickelt, das ich hier kurz erläutern möchte. Das Thema Kommunikation halte ich nämlich für immens wichtig, wenn wir ein glückliches Leben führen wollen.
Schulz von Thun hat die „Vier Seiten einer Nachricht" erkannt und erklärt. Er meint damit, dass die meisten Dinge, die wir so

---

[50] Siehe Kapitel 22 „Wozu schlechte Laune gut ist"
[51] Siehe Kapitel 14.c. „Der blaue, linke Ast" des Paradiesbaumes
[52] https://www.schulz-von-thun.de/die-modelle/das-kommunikationsquadrat

von uns geben, vier verschiedene Botschaften enthalten können. Wir können auf der Sachebene, der Selbstoffenbarungsebene, der Beziehungsebene und auf der Appellebene sprechen und ebenso auf allen vier Ebenen Gehörtes verstehen.
Wenn z.B. ein Paar im Auto nebeneinander sitzt, sie fährt und er sagt „du, da vorne ist grün", dann sagt er auf der Sachebene ganz banal zu ihr, dass die Ampel grün ist. Auf der Selbstoffenbarungsebene sagt er mit diesem Satz etwas über sich selbst aus, nämlich, dass er es eilig hat und unter Druck steht.
Auf der Beziehungsebene sagt er ihr, dass er sie für so eine schlechte Fahrerin hält, dass er sie auf die grüne Ampel hinweisen muss.
Und auf der Appellebene bittet er sie indirekt, dass sie schneller fahren soll, bevor die Ampel auf Rot umspringt.
Ein harmloser Satz und so viele Botschaften. Je nachdem in welcher Verfassung sie ist bzw. wie sie die Beziehung mit ihrem Mitfahrer empfindet, hört sie mit einem anderen Ohr zu und antwortet wiederum auf die zwischen den Zeilen empfangene Botschaft.
Hört sie zum Beispiel die Beziehungsebene und antwortet „Immer musst du mich kritisieren", so ist der Streit direkt da und das Paar befindet sich auf dem roten Ast mitten in dem unbewusst gesuchten negativen Erlebnis.
Ausgelöst wurde es durch seine Bemerkung, bei der ihm vermutlich selbst nicht klar war, was er eigentlich ausdrücken wollte.
Wäre es ihm bewusst gewesen, hätte er ja sagen können:
„Du, ich habe es eilig und die Ampel ist gerade grün. Sei so lieb und schau, dass wir noch durchkommen".
Dann wäre alles klar gewesen und es hätte keinen Streit gegeben.
Es klingt lange und umständlich, aber der als Abkürzung genommene Weg „Du, da vorne ist grün" führt in der Regel nicht zu dem gewünschten großen Ziel des Wohlfühlens und Glücklich-Seins.

Du hast die Wahl und kannst dich entscheiden, ob es dir wichtiger ist, kurz und knapp zu sprechen und damit Missverständnisse zu riskieren oder ob du dich ausführlich ausdrückst, um damit Klarheit zu schaffen.
Spreche ich auf der Beziehungsebene oder von oben herab auf der Appellebene, so befinde ich mich auf dem linken, blauen Ast des Paradiesbaumes. Höre ich auf der Beziehungsebene, so bin ich gerade auf dem rechten roten Ast des Paradiesbaumes. Will ich aber auf dem grünen Ast sein, der mich zum glücklichen Leben führt, dann muss ich auf der Sachebene und auf der Selbstoffenbarungsebene kommunizieren.

Das geht aber nur, wenn ich mich tatsächlich auch wahrnehme und weiß, was ich brauche und was nicht, um mich wohlzufühlen.
Was ist gerade mit mir?
Wie fühle ich mich?
Was wünsche ich mir?
Nur wenn ich das weiß, kann ich das auch deutlich aus- und ansprechen.
Unser Zusammenleben mit anderen Menschen wäre um einiges leichter, wenn wir unsere Wahrnehmung und unsere Wünsche immer klar hätten und sie entsprechend kommunizieren könnten.
Der Paradiesbaum wird dir sicher auch dauerhaft dabei helfen, klarer mit dir selbst zu werden, damit du auch klarer kommunizieren kannst.

Aber da das natürlich auch einiger Übung bedarf, biete ich dir Unterstützung an, deine Wahrnehmung und deine Kommunikation zu schulen. Sieh dich auf meiner Webseite[53] um und schaue, ob für dich etwas Passendes dabei ist. Die Webseite findest du auch nochmal am Ende des Buches.

---

[53] www.paradiesbaum.de

Afformationen:
Warum spreche ich so, dass ich verstanden werde?
Warum verstehe ich mein Gegenüber?
Warum frage ich nach, bevor ich mit dem falschen Ohr höre und dann antworte?

27. Wahrnehmung und Zeit

Ja, ich weiß: Es ist sehr schwer, das Verhalten umzustellen und den Weg zum Paradies zu gehen. Und es ist auch deshalb so schwer, weil wir in den vielen alten Verhaltensmustern gefangen sind. Wir haben sie ja über so viele Jahre eingeübt und diese Nervenverbindungen sind zu den Autobahnen geworden, die fast keine Ausfahrten haben.
Aber glaube mir: Es ist alles eine Frage der Übung. Jetzt am Anfang wird es so sein, dass du weiter deinem unbewussten Verhalten folgst, erst später darüber nachdenkst und dir dann irgendwann aufgeht, dass du wieder etwas getan hast, was du nicht wolltest und was nicht mit deinem Ziel, glücklich zu sein, übereinstimmt. Aber achte mal darauf: Der Abstand zwischen deinem Verhalten und deiner Erkenntnis darüber wird mit der Zeit immer kleiner und kürzer werden.
Irgendwann wirst du schon kurz nach der Handlung erkennen, dass sie wieder kontraproduktiv war und dann bist du schon ganz schnell an dem Punkt, wo du es in dem Moment des Tuns wahrnimmst. Die Wahrnehmung zum Zeitpunkt des Verhaltens eröffnet dir schon alternative Handlungsmöglichkeiten.
Und dann bist du soweit, dass du es auch den Tick vorher spürst und du die Freiheit hast, dich für dein Paradies zu entscheiden oder auch dagegen.
Es braucht seine Zeit. Das ist völlig normal. Bleib geduldig und freue dich auf diesen Zeitpunkt, an dem du dich wirklich frei entscheiden kannst.

Denn du weißt ja, dass du, falls du aufgibst, auf dem rechten, roten Ast turnen würdest und einfach nur bequem in deiner Komfortzone weiterlebst. Das willst du ja aber gar nicht. Oder?

Ich selbst war vor 20 Jahren bei einer Therapeutin und staunte über deren Wahrnehmung und schnellen Blick. Sie sagte mir, dass ich mit der Zeit auch dahin kommen würde. Und tatsächlich: Heute habe ich es geschafft. Und nur dadurch kann ich mein Leben bewusst gestalten, so wie ich es haben will.
Das ist ganz wunderbar!

Afformationen:
Warum bin ich eigentlich so zuversichtlich, dass ich die Verbesserung meines Lebens hinbekomme?
Warum habe ich eigentlich so viel Geduld?
Warum bleibe ich eigentlich an meinem Ziel des glücklichen Lebens dran?

28. Der Anfang am Ende

Vielleicht hat in deinem Leben auch schon vor dem Lesen dieses Buches das logische Denken eine Rolle gespielt, vielleicht aber auch nicht. Egal!
Du hast nun gelernt und in der Anwendung gesehen, welchen Nutzen die Logik hat. Du hast die „Theory of Constraints" kennengelernt, durch die ich diese Gedanken erst entwickeln und diese Erkenntnisse gewinnen konnte.
Du hast gelesen, wie wichtig es ist, dass du immer dein Lebensziel vor Augen hast.
Und durch den ausführlichen Paradiesbaum ist dir jetzt auch klar, was du tun und was du lassen musst, um dein Lebensziel erreichen zu können.

Bitte gib mir Rückmeldung, wenn du Widersprüche erkennst, wenn du etwas nicht verstanden hast oder etwas nicht nachvollziehen konntest.
Sehr gerne komme ich mit dir über den Paradiesbaum und über die Paradiesbaum-Technik ins Gespräch.[55]

Afformationen:
Warum verhilft mir das logische Denken zum glücklichen Leben?
Warum nutzt mir das neu erworbene Wissen?
Warum setze ich die Erkenntnisse aus diesem Buch in mein Leben um?

29. Ausblick

In einer Zeitschrift habe ich von einer Studie gelesen, bei der festgestellt wurde, dass Menschen, die sich von Fast-Food ernähren, eher depressiv sind, als andere.
Unabhängig von dem Nahrungswert der Fastfood-Lebensmittel sind diese Zusammenhänge mit dem Paradiesbaum ganz einfach zu erklären:
Menschen, die sich selbst ihr Essen zubereiten, tun etwas. Sie haben Erfolgserlebnisse und stärken mit diesen banalen Alltagsdingen ihr Selbstwertgefühl, weil sie ihr Können wahrnehmen.
Menschen, die sich von Fast-Food ernähren, tun das nicht nur nicht, sondern bestätigen sich indirekt mit dieser Ernährungsform, dass sie nicht mal selbst Kochen können. Damit turnen sie auf dem roten, rechten Ast und fallen eher in die Depression.

Im Radio habe ich einen Bericht gehört, dass es in Norwegen Gefängnisse gibt, in denen die Straffälligen in Dörfern

---

[55] www.paradiesbaum.de/kontakt

zusammenleben und ihr eigenes Gemüse anbauen. Dabei wurde festgestellt, dass diese Gefangenen deutlich seltener rückfällig wurden, als die in „normalen" Gefängnissen.
Mit dem Paradiesbaum ist auch das einfach zu erklären: Diese Strafgefangenen in den Dörfern können auch ganz anders handeln und sehen die positiven Ergebnisse ihres Verhaltens. Vermutlich herrscht dort auch ein anderer Umgangston. So wird ihr Selbstwertgefühl gestärkt und sie brauchen nach ihrer Entlassung nicht mehr auf dem linken, blauen Ast ihre Stärke zu demonstrieren.
In dem Bericht war auch die Rede von einem sehr teuren Nobelgefängnis in Österreich. Dort gäbe es helle Flure, die sogar schallgedämpft sind, freundliche Farben und luxuriösere Zellen. Auch hier ist die Rückfallquote geringer.
Und auch das lässt sich mit dem Paradiesbaum einfach erklären: In diesem Luxusgefängnis wird einfach durch die Bauweise den Gefangenen Wertschätzung entgegen gebracht. Auch das verbessert ihr Selbstbild und sie haben es weniger nötig, andere Menschen durch Straftaten von ihrer Stärke zu überzeugen.

Und immer wieder erzählen Menschen von ihren Hobbys, bei denen sie z.B. in Gemeinschaft mit anderen ganze Dampflokomotiven oder Windmühlen restaurieren. Ich weiß nicht, ob es darüber Untersuchungen gibt, aber ich bin mir sehr sicher, dass solche Menschen, die mit ihren Händen arbeiten, deutlich glücklicher sind, als diejenigen, die den größten Teil ihrer Zeit vor dem Fernseher sitzen. Denn sie sehen die Ergebnisse ihres Handelns.

Ich lese immer wieder, dass Jugendliche und Arbeitslose gewalttätiger werden; ebenso Flüchtlinge. Es ist genau das: Wer zum Nichtstun verdammt wird, kann ihr Können nicht (mehr) wahrnehmen, turnt auf dem linken, blauen Ast und versucht sich gewaltsam zu stärken. Auch Gewalt gegen Pflegeberufe lässt sich so erklären. Patientinnen haben per se durch ihr Krank-Sein ein negatives Selbstbild. Wenn sie dann nicht wertschätzend und verständnisvoll behandelt werden, finden sie in der Ausübung von Gewalt kurzzeitig zu ihrer verlorenen Stärke zurück.

Auf diese Art können wir mit dem Paradiesbaum unsere ganze Gesellschaft betrachten und sehen, weshalb etwas mancherorts gut und wertvoll läuft und weshalb etwas andernorts nicht. Wie bei dir persönlich liegt auch in unserer ganzen Gesellschaft mit dem Paradiesbaum die Lösung auf der Hand. Umso mehr Menschen positive Ergebnisse ihres Tuns wahrnehmen können, umso glücklicher werden sie sein und umso weniger müssen sie auf dem linken, blauen Ast turnen und sich auf Kosten anderer stärken.
Meiner Ansicht nach muss er zu einem Modell werden, an dem sich die Gesellschaft ausrichtet. Kindergärten, Schulen, soziale Einrichtungen, aber auch ArbeitgeberInnen, Arbeits- und Finanzämter etc.
Immer dann, wenn sich Menschen ausgeliefert und klein fühlen, wenden sie die Verhaltensmuster auf dem linken oder auf dem rechten Ast des Paradiesbaumes an.
Wir alle können dazu beitragen, dass die Gesellschaft besser wird, indem wir gut für uns sorgen, uns auf dem grünen, mittleren Ast aufhalten und dadurch Glück in die Welt hineintragen. Zum Nutzen aller!

Wenn du Lust hast, in dieser Richtung weiter zu denken und den Paradiesbaum in die Welt hinaus zu tragen, dann wende dich gerne an mich. Wir können dann zusammen die Situationen analysieren und Lösungen erarbeiten. Umso mehr wir werden, umso besser werden wir wirken können!

Afformationen:
Warum ist der Paradiesbaum eigentlich zum Instrument für eine bessere Gesellschaft geworden?
Warum wurde der Paradiesbaum eigentlich zu einer großen Bewegung, die die Welt verbessert?

30. Auf welchem Ast turnst du?

Ich habe dir den Paradiesbaum mit allen Facetten vorgestellt.
Du hast vermutlich gemerkt, dass du - genauso wie andere Menschen und ich auch - den lieben langen Tag von einem Ast zum anderen turnst. Das ist völlig normal und geht auch gar nicht anders, weil wir immer wieder an Grenzen stoßen und natürlich auch immer wieder auf unsere erlernten Verhaltensmuster zurückgreifen. Wenn du dir morgens die Zähne putzt, dann bist du damit auf dem grünen mittleren Ast. Auch, wenn du die Klamotten anziehst, die du magst. Wenn du dich über den vollen Mülleimer aufregst, bist du auf dem blauen Ast und wenn du das Gefühl hast, dass man dir etwas verschweigt, dann turnst du auf dem roten Ast. Das ist einfach so.
Mit dem Paradiesbaum können dir jetzt aber deine Gefühle und dein Verhalten bewusst werden. Und durch das Bewusst-Werden kannst du dich frei entscheiden, ob du auf diesem Ast turnen möchtest oder nicht. Wenn Nein, dann weißt du nun ganz genau, was du tun und was du lassen musst, wenn du glücklich sein möchtest.

Afformationen:
Warum mache ich mir eigentlich immer wieder bewusst, auf welchem Ast des Paradiesbaumes ich turne?
Warum weiß ich eigentlich genau, auf welchem Ast ich sein möchte?
Warum kenne ich Mittel und Wege, um auf den grünen Ast zurück zu kommen?

31. Ein Apell

Wie gehst du nun mit diesem neu erworbenen klaren und logischen Wissen um?
Geht es dir gerade nicht so gut, dann kann es sein, dass dir diese Erkenntnisse sehr gelegen kommen, weil du dich damit im Gespräch mit anderen aufwerten kannst. Mir ist sehr bewusst, dass du dieses Wissen, das ich erarbeitet habe, nehmen und so tun kannst, als hättest du es entwickelt. Du kannst dich damit auf meine Kosten stärken.
Du kannst aber auch zum Nutzen aller Menschen dieses Wissen weitertragen und ihnen dieses Buch empfehlen oder es ihnen sogar schenken. Du kannst, darfst und sollst davon weitererzählen. Wenn du auf dem mittleren, grünen Ast leben möchtest, dann erwähnst du den Paradiesbaum mit dem Hinweis auf meine Urheberinnenschaft.
Du entscheidest, auf welchem Ast du turnen willst. Ich wünsche mir, dass es zum Nutzen aller ist!

Afformationen:
Warum trage ich eigentlich das Wissen um die logischen Zusammenhänge zum Nutzen aller Menschen in die Welt?

32. Hilfreiche Methoden

Drei Methoden möchte ich dir hier genauer erklären, die sich für mich als hilfreich erwiesen haben, wenn ich meine Schweinehündin überwunden und sie angewendet habe.

Clustern:
Cluster (engl. Traube, Anhäufung) dienen der Gedanken-sammlung. Spontan ohne groß nachzudenken werden von einem Hauptthema ausgehend Wortketten gebildet. Dieses Hauptthema schreibst du in die Mitte eines Blattes Papier und kringelst es ein. Die erste Assoziationskette reißt irgendwann ab, dann entsteht vielleicht ganz von selbst schon die nächste. Oder du schaust auf die geschriebenen Worte und achtest drauf, was dir als nächstes ins Auge springt, an dem du dann weiter schreibst. Gelingt dieses Assoziieren gut, entsteht dann am Ende des Gedankenflusses ein Wort, ein Text, vielleicht ein Gebet oder ein Gedicht. Lass dich überraschen!
Statt eines Ausgangswortes kann auch ein Gegensatzpaar genommen werden (hell – dunkel, Macht – Ohnmacht, Frau – Mann). Durch das Springen von der einen auf die andere Seite entsteht eine innere Spannung, die sich auch in einem Text, Wort, Gedicht entladen kann.
Vorsicht: Bei Themen, die berühren, benötigst du Zeit und Ruhe und ggfs. einen Menschen bei dem oder einen Rahmen, in dem das zu Tage Getretene „verdaut" werden kann.

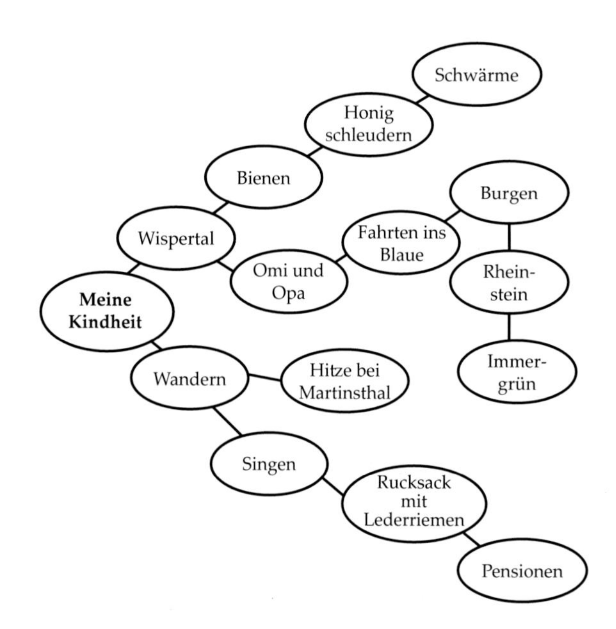

Afformationen:

Formuliere erst dein Ziel: Fühlst du dich derzeit nicht gut? Missfällt dir etwas? Bist du unzufrieden? Finde heraus, was du wirklich willst. Benenne dein Ziel.

Entdecke dann deine Hindernisse: Was hindert dich derzeit daran, dass du dein Ziel erreichen kannst? Gehe der eigentlichen Ursache, dem Engpass, dem Schwachpunkt auf den Grund. Frage dich selbst immer tiefer nach dem Warum; warum es nicht klappt. Und notiere alle möglichen Hindernisse.

Beispiel für Hindernisse:

Dafür habe ich keine Zeit – keine Lust – Das mag mein Mann nicht – was würden die Leute dazu sagen – dafür müsste ich mich ja schämen …

Dann kreiere deine Afformationen aus den Hindernissen heraus. Formuliere die Warum-Fragen positiv und in der Gegenwart oder Vergangenheit. Also so, als ob das Gewünschte bereits eingetreten ist.

Warum habe ich dafür plötzlich Zeit? Warum habe ich mir dafür gerne die Zeit genommen? Warum habe ich darauf eigentlich so richtig Lust? Warum habe ich das total gerne gemacht? Warum mag es eigentlich auf einmal mein Mann, wenn ich … mache/bin?

Warum stehe ich eigentlich so gut zu mir? Warum bin ich eigentlich von der Meinung anderer unabhängig? Warum bin ich eigentlich Ich selbst? Warum liebe ich mich eigentlich genau so, wie ich bin?

Und dann darfst du diese Afformationen (egal wie viele es geworden sind) 40 Tage lang[56] mindestens 3 x am Tag „runterleiern“. Es wird sich was verbessern! Ganz bestimmt!

Warum wird mein Leben von Tag zu Tag immer besser?

Und warum werde ich eigentlich immer glücklicher?

---

[56] Tipp: Schau es dir im Kalender an und merke dir den Termin, wann die 40 Tage um wären. Dann ist es leichter durchzuhalten.

REM-Methode zum Verändern und Verarbeiten negativer Gefühle[57]

Diese Methode kommt aus den Erkenntnissen über die REM-Schlaf-Phasen. REM steht für „rapid eye movement". Das sind die schnellen Augenbewegungen, die wir im Schlaf haben, wenn wir gerade Ereignisse verarbeiten. Bei der REM-Methode wird diese Verarbeitungsphase im Wachzustand bewusst herbeigeführt und nicht dem Schlaf überlassen.

a. Identifiziere dein Gefühl:

Werde dir ganz genau bewusst, was dich beeinträchtigt, behindert bzw. negativ beeinflusst. Es ist ein Gefühl!
Fasse es in Worte, am besten nur maximal zwei. Es ist total wichtig, dass du den für dich stimmigen Begriff findest. So etwas wie Angst, Wertlosigkeit, Unsichtbar-Sein, Trauer, …

Beispiel: Ich fühlte mich von jemandem immer wieder sehr schnell angegriffen und ließ mich verletzen. Viele Begriffe habe ich durchprobiert, die das Gefühl nicht wirklich trafen. „Ehrverletzung" war dann der richtige Begriff für mich.
Oder bei einer anderen Sache war es der Begriff „Nicht-gesehen-werden". Der ist für mich etwas anderes als „Unsichtbar-Sein"

Finde also deinen Begriff für das Gefühl! Lass dir dazu Zeit. Vielleicht brauchst du sogar einige Tage und/oder den Austausch mit einem nahestehenden Menschen dazu, bis du den richtigen Begriff gefunden hast.

---

[57] Die Methode ist an Wing-Wave® (s. youtube) und Emoflex® angelehnt und die Anwendung geschieht auf eigenes Risiko!

b. Veranschauliche den Begriff:
Übersetze deinen Begriff in eine dreidimensionale abstrakte Form.
Im Kreativen Schreiben ist es das „Gedicht mit Tiefsinn“. Dazu ordnest du deinem Gefühl Eigenschaften zu:
Welche Farbe hat es?
Wie riecht es?
Wie schmeckt es?
Welches Aussehen, welche Form hat es?
Welche Konsistenz hat es?
Wie klingt es?
Und welche Erlebnisqualität beinhaltet es?

Beispiel: Wertlosigkeit
Wertlosigkeit ist grau, ein helles mittelgrau.
Sie ist eine weiche wabernde Masse,
durch die man aber wie im Nebel hindurch gehen kann, weil sie zurückweicht.
Wertlosigkeit verschluckt alle Töne und Geräusche
und verwandelt Gerüche und Düfte in ein feucht riechendes Nichts um.
Sie schmeckt nach Kieselerde.
Wertlosigkeit ist auch Unsichtbarkeit und Unsicherheit und sie macht arm.

Denke dabei daran, dass für dich dein Gefühl wahrscheinlich ganz anders aussieht, als für mich. Deine Beschreibung muss für dich alleine 100%ig stimmig sein!

c. Suche dir ein Symbol für deinen Begriff:
Begib dich ganz in dieses Gefühl und stelle es dir deutlich vor.
Dann suche dir einen Gegenstand (nicht zu groß), der dein Gefühl in etwa symbolisieren kann.
Diesen Gegenstand stellst du vor dich auf den Tisch oder setzt dich einfach davor.

d. Verarbeite das Gefühl mit schnellen Augenbewegungen:
Schau einmal links an dem Gegenstand vorbei. Und dann rechts. Bewege dabei aber nur deine Augen, nicht den ganzen Kopf und schaue nicht auf den Gegenstand selbst. Deshalb darf er nicht zu groß sein!
Wechsle nun 5 bis 10 Mal hin und her. Führe die Augenbewegungen eher schnell aus. Ideal wäre etwas schneller als eine Sekunde pro Wechsel.
Wenn du das hast, atme einmal tief durch und zwinkere einige Male mit den Augen.
Wenn du den Eindruck hast, dass du es nicht gut genug oder nicht ganz richtig gemacht hast, mache es einfach nochmal. Und dann warte ab.

Meine Erfahrung:
Ich konnte feststellen, dass ich die auf diese Art weggewischten Gefühle wirklich nicht mehr habe und zwar schon seit vielen Jahren.
Damals habe ich festgestellt, dass ich es nicht schaffe, meinen Businessplan zu schreiben, weil ich in mir die Botschaft trug, dass nur Hand-Arbeit richtige Arbeit ist und Schreiben und Lesen Vergnügen, das man nicht tun darf, das unwichtig und wertlos ist.
Ich habe dann zu diesem Gefühl ein Gedicht mit Tiefsinn geschrieben, mir einen Aktenordner als Symbol vor mich hingestellt und die schnellen Augenbewegungen ausgeführt. Und tatsächlich konnte ich danach in einem Rutsch meinen Businessplan schreiben und bis heute (seit 2011) mache ich gerne „Büroarbeit“.
Seitdem wende ich die REM-Methode immer wieder gerne an.

33. Sechzehn Tipps gegen schlechte Laune:

- Sorge gut für dich, indem du dir ´nen schönen Tee oder Kaffee machst und gute Musik auflegst.
- Zieh dir Kleidung an, die deine Stimmung hebt (ob lieber schick oder bequem, hängt vermutlich von deinem Berufsalltag ab – probiere es einfach aus).
- Frisiere deine Haare schön oder gehe sogar zu deiner Friseurin.
- Schmink dich. Sorge dafür, dass du dich äußerlich toll findest.
- Kuschel dich mit einem Buch ins Bett oder geh damit und einem Glas Sekt in die Badewanne.
- Ziehe die Sportschuhe an und jogge. Oder wandere. Natur wirkt Wunder! (Trampolin-Springen soll auch Glückshormone auslösen).
- Genieße etwas Gutes - Schokolade z.B. soll ja glücklich machen.
- Rufe einen positiv denkenden Menschen an und lass dich motivieren.
- Setze dich an eine Handarbeit und freue dich dann, dass sie wieder ein Stück weiter der Vollendung entgegen geht.
- Räume endlich mal auf, putze deine Fenster o.ä., weil du weißt, dass es dir danach auch wieder besser geht. Bei fröhlicher Musik macht es noch mehr Spaß![58]
- Entspanne dich, meditiere oder mache Yoga.
- Mach es Dir gemütlich und schreibe in dein Tagebuch oder einen Brief.

---

[58] Ich mache mir bei schlechter Laune und Putzen oder Aufräumen sehr gerne die SWR4 Fassenachts-Hits oder Rhein-Wein-Schunkel-Lieder an. Das Mitsingen hebt auch die Stimmung.

- Schreibe alles auf, was dir Positives einfällt. Auch negative Gedanken und Gefühle kannst du ans Papier abgeben. Es erleichtert wirklich und braucht ja niemand außer dir zu sehen und zu lesen. Du kannst sie dann auch sofort wegschmeißen oder verbrennen. Das ist ein guter Weg, um sie so wirklich loszuwerden.[59]
- Überlege, wie jemand anders, ein positiv denkender Mensch deine Situation bewerten würde.
- Kaufe dir selbst Blumen, an denen du dich erfreuen kannst.
- Schaffe etwas im Garten und lass dabei Deinen Gedanken freien Lauf.
- …

Es gibt sooo viele Möglichkeiten. Du musst ganz einfach nur ins Tun kommen, damit du dein Können spüren kannst.

Wenn du Unterstützung haben möchtest, dann schau auf meiner Webseite und nimm Kontakt mit mir auf. Wir werden ganz sicher etwas finden, das dir helfen wird – wenn du es wirklich willst.

---

[59] Meine ungesagt gebliebenen Worte nach dem Tod meines Vaters habe ich aufgeschrieben und so lange aufgehoben, bis ich im Urlaub an einen wunderbaren Wildbach kam. Dort habe ich sie in ganz kleine Stücke zerrissen und mit dem Wasser wegreißen lassen. Ich weiß nicht mehr, was ich da geschrieben hatte, aber dadurch weiß ich, dass es wirklich weg ist.

34. Danke

Bisher habe ich Bücher nur gelesen und empfand die Danksagungen oft als aufgesetzt, als das Erfüllen einer Etikette und für mich als Leserin überflüssig.
Nun bin ich selbst Autorin und dir liegt mit dem Paradiesbaum mein erstes Buch vor. Und auf einmal werte ich Danksagungen anders[60] und spüre ein großes Bedürfnis, von Herzen den Menschen Danke zu sagen, die mich auf dem Weg zu diesem Buch begleitet haben.
An erster Stelle steht mein Mann Joerg, der mir geduldig zugehört und immer wieder mitgedacht hat. Der mir oft half, den richtigen Begriff und auch das passende Design zu finden, und der mir großzügig alles finanziert, was ich als wichtig erachte.
Danach kommt für mich das Team von VISTEM (www.vistem.eu), dem Unternehmen, das in Deutschland die „Theory of Constraints" vertritt und mit dieser Methode erfolgreich Unternehmen im Projektmanagement dabei unterstützt, besser zu arbeiten. Danke an Uwe Techt, Claudia Simon, Hannah Nowak und Franz Nowak. Ich habe Euch in der Reihenfolge aufgezählt, wie ich Euch kennenlernte. Wenn ich nicht durch Zufall auf Euch gestoßen wäre, hätte ich diese Erkenntnisse nicht gewinnen können, die zum Paradiesbaum geführt haben. Deshalb würde es ohne Euch dieses Buch nicht geben. Welch ein Zufall und welch ein Glück für mich und für meine LeserInnen!
Meinen Freundinnen Zofia, Hilde und Sabine möchte ich auch danken, die an mich geglaubt und mit vielen Tipps zum Entstehen des Paradiesbaumes beigetragen haben.
Ich möchte auch all den Menschen danken, die mir unwissentlich durch ihr Verhalten und durch ihre Berichte eine Unmenge an Beispielen präsentiert haben, die ich im Paradiesbaum zur

[60] Siehe Kapitel 4 „Der Nutzen von Wissen und Erfahrung"

Veranschaulichung verwenden kann. Durch sie habe ich immer wieder neue Aspekte in den Baum einarbeiten können und durch sie kann ich heute behaupten, dass sich im Paradiesbaum so ziemlich alle menschlichen Verhaltensweisen und Gefühle abbilden lassen.
Danke auch an Mara/Dari Stix. Durch dich bin ich überhaupt auf die Idee gekommen, ein Online-Business aufzubauen. Und dir habe ich auch die - für mich so sehr wichtig gewordene - Frage zu verdanken, ob ich mich von der Angst regieren lassen möchte oder lieber von Mut und Stärke. Dadurch habe ich den Schritt in Facebook gewagt, das für mich vorher ein rotes Tuch war. Und nur dadurch konnte ich mich in so kurzer Zeit so schnell weiter entwickeln und all die nachfolgend genannten Frauen kennenlernen.
Du, Tanja Lenke (www.she-preneur.de), hast mit dem She Preneur Insider Club ein tolles Netzwerk von und für selbstständige Frauen aufgebaut, das mir mit Rat und Tat zur Seite stand und durch das ich die passenden Kontakte für die Verwirklichung dieses Buches bekommen konnte.
Und du, Hilke Barenthien (www.schusterjunge-waisenkind.de), hast viel Geduld und Zeit investiert, um mit mir gemeinsam die Grafik des Paradiesbaumes und des gesamten Buches zu entwickeln.
Ihr, Birgit Schultz (www.marketing-zauber.de) und Sonja Philipp (www.geophil.net), habt mir bei einem Online-Strategie-Workshop die Augen dafür geöffnet, dass ich erst das Buch zum Paradiesbaum heraus bringen muss, bevor ich dazu ein Online-Business aufbauen kann. Ihr beide habt mir zu richtigen Zeit den richtigen Schubs gegeben. Danke dafür!
Danke auch an Tom Oberbichler (www.mission-bestseller.com) und Alexandra Brosowski (www.alexandra-brosowski.de), die mir beide als versierte AutorInnen, LektorInnen und Schreibcoaches zur Seite standen. Euer Wissen und Eure

Erfahrungen waren für mich absolut notwendig, damit mein Text auch wirklich ein Buch werden konnte.
Danke auch an Feli Walter (www.theta-spirit.de), die in meiner tiefsten Tiefe hinderliche Glaubenssätze entdeckte, auflöste und in förderliche umwandelte. Durch Dich ist mir erst klar geworden, was alles in uns schlummern und am glücklichen Leben hindern kann.
Und danke an Patricia Zurfluh (www.patriciazurfluh.com) und Christine Hofmann (www.christinehofmann.com). Durch Euch habe ich die Afformationen[61] kennengelernt und konnte die Macht meiner Gedanken entdecken.
Und zu guter Letzt danke ich dem Universum, das mich auf diesen Weg geführt hat. Es ist so wunderbar, mehrmals täglich wahrnehmen und denken zu können: „Ich bin so wahnsinnig glücklich!".
Dazu habt Ihr alle und vermutlich noch mehr Menschen beigetragen. Von Herzen danke ich Euch dafür!

---

[61] Siehe Kapitel 25 „O statt I"

35. Und jetzt?

Das beste Wissen nutzt dir nichts, wenn du es nicht anwendest und wenn du die gewonnenen Erkenntnisse nicht umsetzt.
Es wird dir vielleicht nicht leicht fallen, die gewohnten Bahnen zu verlassen und dein Leben auf dein Glück hin auszurichten.
Gerne unterstütze ich dich in diesem Fall dabei.
Schau mal auf meiner Webseite, ob dich eines meiner Angebote anspricht:

www.paradiesbaum.de

Und wer mich für einen Vortrag, Workshop, eine Fortbildung oder ähnliches buchen möchte, möge mich bitte über meine Webseite kontaktieren:

www.paradiesbaum.de/kontakt

Bücherliste aus dem Text

- Uwe Techt, Goldratt und die Theory of Constraints
(Editions La Colombe 2010)
- Eliyahu Goldratt, Das Ziel; Die kritische Kette (Campus 2002);
Das Ziel II (Campus-Verlag 2003);
- Uwe Techt/Holger Lörz, Critical chain (GPM und Haufe 2011)
- Rosette Poletti & Barbara Dobbs, Das kleine Übungsheft Selbstbewusstsein (Trinity Verlag 2015)
- Serge Marquis, Ich muss nicht alles glauben, was ich denke
(Kösel-Verlag 2016)
- Patricia Zurfluh, Warum liebe ich mein Leben
(novum-Verlag 2015)
- Noah St. John, Erfolg ist kein Zufall (Ariston Verlag 2010)

Weitere inspirierende Bücher

- Elaine Aron, Sind Sie hochsensibel? (mvg Verlag 2011)
- Georg Parlow, zart besaitet (Festland Verlag 2003
- Anne Heintze, Außergewöhnlich normal (Ariston Verlag 2013)
- Birgit M. Bach, Kopfkram (Verlag Tredition 2015)
- Yves-Alexandre Thalmann,
Das kleine Übungsheft Glückstraining,
Das kleine Übungsheft Positive Psychologie,
Das kleine Übungsheft Optimismus (Trinity Verlag 2013)
- Ilja Grzeskowitz, Mach es einfach (Gabal Verlag 2017)
- Anja Winkelmann, Wie die kleine Angst groß werden wollte
(Selbstverlag 2013)
- Christian Ankowitsch, Warum Einstein niemals Socken trug
(Rowohlt Verlag 2015)
Bärbel Wadetzki, Souverän & Selbstbewusst (Kösel Verlag 2014)

Christiane Kilian:

Jahrgang 1963, Staatlich geprüfte Hauswirtschafterin, Diplom-Sozialpädagogin mit Aufbaustudium in Gesundheits- und Sozialmanagement und einigen Zusatz-Ausbildungen unter anderem in Systemischer Beratung, Kreativitätstechniken, Gruppenarbeit und der „Theory of Constraints".
Berufserfahrung in verschiedenen Bereichen der Sozialen Arbeit, aber immer in der Arbeit mit Erwachsenen.

Die gebürtige Wiesbadenerin fand in ihrer Wahlheimat, dem wunderschönen Welterbe Oberharzer Wasserwirtschaft, ihr Paradies, von dem aus sie anderen Menschen durch Coaching, Vorträge und Fortbildungen zu einem glücklichen Leben verhilft.

Seit der Entdeckung ihrer eigenen Hochsensibilität hat sie auf viele Fragen Antworten gefunden, diese in Vorträgen gebündelt und nun auch in dem vorliegenden Buch niedergeschrieben.

Ihr Mann kommt mit Christiane Kilian zusammen auf fünf erwachsene Söhne, ebenso viele sehr nette Schwiegertöchter und zwei Enkelinnen.

Ihr Traumhaus, das Ringer Zechenhaus in Clausthal-Zellerfeld, teilt sie zu den Öffnungszeiten ihrer kleinen Straußwirtschaft (mit Wein vom Rhein zu kleinen Speisen) gerne mit den Menschen, die sich von der besonderen Atmosphäre dieses Ortes anziehen lassen.

Hilke Barenthien:

Hilke Barenthien ist Mediengestalterin, zertifizierte Social Media Managerin, Reinzeichnerin, Projektmanagerin und Produktionerin. Seit 2006 selbstständig, hat sie zunächst als freie Mitarbeiterin für verschiedene Agenturen namenhafte Kunden aus unterschiedlichsten Bereichen betreut.

2012 gründete sie ihre erste eigene Agentur und hilft heute Gründenden und Einzelunternehmenden dabei, ihre Printwerbung selbst umzusetzen.
In enger Zusammenarbeit mit Christiane Kilian hat sie deren Vorstellung von der äußeren Form des Paradiesbaumes visualisiert.

https://hilkebarenthien.de